Audioscript to accompany

Prego!
AN INVITATION TO ITALIAN

Audioscript to accompany

Prego!
AN INVITATION TO ITALIAN

Sixth Edition

Andrea Dini
Montclair State University

Graziana Lazzarino
University of Colorado, Boulder

Boston   Burr Ridge, IL   Dubuque, IA   Madison, WI   New York   San Francisco   St. Louis
Bangkok   Bogotá   Caracas   Kuala Lumpur   Lisbon   London   Madrid   Mexico City
Milan   Montreal   New Delhi   Santiago   Seoul   Singapore   Sydney   Taipei   Toronto

This is an EBI book.

Audioscript to accompany
Prego! *An Invitation to Italian*

Published by McGraw-Hill, an imprint of The McGraw-Hill Companies, Inc., 1221 Avenue of the Americas, New York, NY 10020.

1 2 3 4 5 6 7 8 9 0 BKM BKM 0 9 8 7 6 5 4

ISBN 0-07-288374-X

Vice President/Editor-in-Chief: *Thalia Dorwick*
Publisher: *William R. Glass*
Sponsoring Editor: *Christa Harris*
Director of Development: *Susan Blatty*
Development Editor: *Anastasia Schulze/Elm Street Publications*
Executive Marketing Manager: *Nick Agnew*
Project Manager: *Mel Valentín*
Production Supervisor: *Tandra Jorgensen*
Compositor: *The GTS Companies/York, PA Campus*
Typeface: *Palatino*
Printer: *Bookmark Press*

http://www.mhhe.com

Contents

Capitolo preliminare 1

Capitolo 1 10

Capitolo 2 18

Capitolo 3 27

Capitolo 4 37

Capitolo 5 46

Capitolo 6 54

Capitolo 7 62

Capitolo 8 70

Capitolo 9 78

Capitolo 10 86

Capitolo 11 95

Capitolo 12 104

Capitolo 13 113

Capitolo 14 122

Capitolo 15 130

Capitolo 16 137

Capitolo 17 146

Capitolo 18 154

Cominciamo!

A. Saluti e espressioni di cortesia

A. Presentazioni. You will hear two professors introduce themselves to their classes. The first time, listen carefully. Pay attention to rhythm and intonation. The second time, write the missing words. The third time, the introductions will be read with pauses for repetition. Repeat after the speakers and check what you have written. Then check your answers in the Answer Key.

1. Buon giorno. Mi chiamo Marco Villoresi. Sono professore d'italiano. Sono di Firenze.
2. Buon giorno. Mi chiamo Alessandra Stefanin. Sono professoressa d'italiano. Sono di Venezia.

B. E tu, chi sei? Now, following the examples, introduce yourself. Use the greetings you find most appropriate. First listen. Then introduce yourself.

ESEMPI: STUDENTE 1: Buon giorno. Mi chiamo Brian Johnson. Sono studente d'italiano. Sono di Knoxville.
  STUDENTE 2: Salve. Mi chiamo Aliza Wong. Sono studentessa d'italiano. Sono di Portland. E tu, chi sei?

Now introduce yourself, following one of the preceding models.

C. Formale o informale? You will hear three different dialogues in which people introduce themselves to each other. The first time, listen carefully. Pay attention to rhythm and intonation. The second time, write the missing words. The third time, the dialogues will be read with pauses for repetition. After repeating the dialogues, decide whether the situation presented is formal or informal, **formale o informale.** You will hear the answers at the end of the exercise. Check your written answers in the Answer Key.

DIALOGUE 1:

Professor Villoresi and Professoressa Stefanin meet for the first time at a professional meeting.

PROFESSORESSA STEFANIN: Buon giorno. Mi chiamo Alessandra Stefanin.
PROFESSOR VILLORESI: Scusi? Come si chiama?
PROFESSORESSA STEFANIN: Alessandra Stefanin.
PROFESSOR VILLORESI: Ah, piacere! Marco Villoresi. Sono di Firenze. E Lei?
PROFESSORESSA STEFANIN: Sono di Venezia. Piacere!

Now indicate whether the dialogue is formal or informal.

DIALOGUE 2:

A student sees his professor in a restaurant.

STUDENTE: Buona sera, professor Villoresi. Come va?
PROFESSOR VILLORESI: Bene, grazie. E Lei?
STUDENTE: Non c'è male.
PROFESSOR VILLORESI: Arrivederci.
STUDENTE: Arrivederci.

Now indicate whether the dialogue is formal or informal.

DIALOGUE 3:

Laura meets her friend Roberto.

LAURA: Ciao, Roberto. Come va?
ROBERTO: Non c'è male. E tu?
LAURA: Bene, grazie!
ROBERTO: Ciao!
LAURA: Ciao!

Now indicate whether the dialogue is formal or informal.

The answers are: 1. formale 2. formale 3. informale

D. Conversazioni brevi. You will hear a short phrase or expression. You will hear each one twice. Listen carefully, then indicate the most appropriate response to what you have heard. Scan the choices now.

1. Ciao! Sono Daniela.
2. Grazie!
3. Piera, come stai?

4. Buona notte, Roberto.
5. Buona sera, signor Manfredi.

The answers are: 1. e 2. c 3. a 4. d 5. b

In ascolto

Conversazioni. Take a moment to read over the options listed below. Then, listen to the four brief coversations and select the relationship between the speakers you consider most plausible.

1.   BARBARA: Ciao, Daniele, come stai?
                        DANIELE: Barbara! Bene, grazie, e tu?
                        BARBARA: Non c'è male. A presto!
                        DANIELE: Ciao! A presto!
2.   SIGNORA BARBI: Buona sera, signor Neri. Come sta?
                    SIGNOR NERI: Abbastanza bene, grazie, e Lei?
              SIGNORA BARBI: Non c'è male. ArrivederLa!
                    SIGNOR NERI: ArrivederLa, signora Barbi!
3.   TOMMASO: Come stai, mamma?
                          MADRE: Abbastanza bene. E tu, Tommaso, come stai?
                        TOMMASO: Così così. (*Yawn*) Buona notte, mamma!
                          MADRE: Buona notte!
4.   FRANCO: Scusi... Ah, buon giorno, professoressa Cardini. Come sta?
        PROFESSORESSA CARDINI: Molto bene, grazie, e Lei?
                        FRANCO: Bene, grazie.
        PROFESSORESSA CARDINI: Arrivederci!
                        FRANCO: ArrivederLa, professoressa.

B. In classe

A. Alla classe. The instructor has asked the class to perform some actions. Match what you hear with the actions performed by the students in the drawings. Write the appropriate command from the list next to the corresponding drawing. Then check your answers in the Answer Key. Scan the list of directions now.

Chiudete il libro!   Ripetete **buona notte**, per favore!
Scrivete!   Aprite il libro!

B. Come si dice? You will hear a series of brief classroom exchanges. You will hear each one twice. The first time, listen carefully. The second time, complete the dialogues with the expressions you hear. Check your answers in the Answer Key.

1. PROFESSORESSA: Paolo, come si dice *alphabet* in italiano?
   STUDENTE: Alfabeto.
   PROFESSORESSA: Giusto! Benissimo!
2. STUDENTESSA: Scusi, professore, come si scrive **classe?**
   PROFESSORE: C L A S S E.
   STUDENTESSA: Grazie, professore.
   PROFESSORE: Prego, signorina.
3. PROFESSORESSA: Aprite il libro e fate l'esercizio.
   STUDENTE: Come? Non capisco. Ripeta, per favore.

C. A lezione. What would you say in Italian in the following situations? Repeat the response.

ESEMPIO: *You read:* You want your instructor to repeat something.
          You say: Ripeta, per favore!
          You hear: Ripeta, per favore!
          You repeat: Ripeta, per favore!

1. Come si pronuncia?
2. Non capisco.
3. Come si dice *excuse me* in italiano?
4. Cosa vuol dire?
5. Prego? Ripeta, per favore!
6. Come si scrive?

D. Ecco una classe. As you hear the word in Italian for each numbered object, find it listed in the box. Then write the word in the space provided next to the corresponding drawing. Check your answers in the Answer Key.

un gesso	una matita	un compito
un quaderno	una lavagna	una penna
un foglio di carta	una sedia	
un banco	una porta	

C. Alfabeto e suoni

A. «Nella vecchia fattoria... » You will hear a reading of «Nella vecchia fattoria». You will hear it twice. The first time, listen carefully. The second time, it will be read with pauses for repetition.

Nella vecchia fattoria, ia-ia-o!

Quante bestie ha zio Tobia, ia-ia-o!

C'è il cane (bau!) cane (bau!) ca-ca-cane,

e il gatto (miao!) gatto (miao!) ga-ga-gatto,

e la mucca (muu!) mucca (muu!) mu-mu-mucca...

nella vecchia fattoria ia-ia-o!

B. L'alfabeto italiano. You will hear the names of the letters of the Italian alphabet, along with male and female Italian names. Listen and repeat, imitating the speaker. Starting in Chapter 1, you will practice the pronunciation of most of these letters individually.

a	Andrea	Antonella
bi	Bernardo	Beatrice
ci	Carlo	Cecilia
di	Daniele	Donatella
e	Emanuele	Enrica

effe	Fabrizio	Federica
gi	Giacomo	Gabriella
acca		
i	Italo	Irene
elle	Luca	Lorella
emme	Marco	Marcella
enne	Nicola	Nora
o	Osvaldo	Ombretta
pi	Paolo	Patrizia
cu	Quirino	Quirina
erre	Roberto	Roberta
esse	Sergio	Simona
ti	Tommaso	Teresa
u	Umberto	Ursola
vu	Vittorio	Vanessa
zeta	Zeno	Zita

Now listen to the pronunciation of the following five letters, which are used in Italian with words of foreign origin. Repeat each one after the speaker.

i lunga

cappa

doppia vu

ics

ipsilon

C. Lettere. Repeat the following abbreviations or formulas after the speaker.

1. K.O.
2. PR
3. LP
4. H_2O
5. CD
6. PC
7. S.O.S.
8. P.S.
9. DVD
10. Raggi X

D. Come si pronuncia? You will hear the spelling of eight words you may not know. Write them down and then try to pronounce them. Repeat the response. Then check your answers and their translations in the Answer Key.

ESEMPIO: *You hear:* a-doppia erre-e-di-a-emme-e-enne-ti-o
            You write:
             You say: arredamento
          You hear: arredamento
      You repeat: arredamento

1. effe-i-enne-e-esse-ti-erre-a / finestra
2. esse-ci-erre-i-vu-a-enne-i-a / scrivania
3. ci-o-emme-pi-a-gi-enne-o / compagno
4. a-i-u-o-elle-e / aiuole
5. elle-a-vu-a-gi-enne-a / lavagna
6. di-i-zeta-i-o-enne-a-erre-i-o / dizionario
7. pi-a-ti-a-ti-a / patata
8. pi-a-erre-o-elle-a / parola

E. Vocali. Listen to and repeat the sounds of the seven Italian vowels and some words in which they are used. Note that vowels **e** and **o** have both closed and open forms.

Vocabolario preliminare: chiusa, aperta

a	patata, casa, sala, banana
e chiusa	sete, e, sera, verde

e aperta	letto, è, bello, testa
i	pizza, vino, birra, timo
o chiusa	nome, dove, ora, volo
o aperta	posta, corda, porta, bosco
u	rude, luna, uno, cubo

F. Ancora vocali. Repeat each word after the speaker.

1. pazzo / pezzo / pizzo / pozzo / puzzo
2. casa / case / casi / caso
3. lana / lena / Lina / luna
4. auto / aiuto / iuta / uva / uova / Europa / aiuola

G. Consonanti *c* e *g*. C and g each have two sounds in Italian. Their sound is hard (as in English *cat* and *get*) when followed directly by **a, o, u,** or **h.** Their sound is soft (as in English *chain* and *giraffe*) when followed directly by **e** or **i.** Repeat each word after the speaker.

1. cane / casa / gatto / gamba
2. cibo / cera / gesso / gita
3. cena / che / getta / ghetto
4. Cina / chilo / giro / ghiro
5. gotta / Giotto / cotta / cioccolato
6. custode / ciuffo / gusto / giusto

H. Consonanti doppie. In this exercise you will practice the difference between single and double consonant sounds. Repeat each word after the speaker. Note that vowels before a double consonant are shorter in length than vowels before a single consonant. Notice the differences in pronunciation in the following two pairs of words:

carro (short **a** sound) ≠ **caro** (long **a** sound)

cassa (short **a** sound) ≠ **casa** (long **a** sound).

1. pala / palla		5. dita / ditta
2. moto / motto		6. sete / sette
3. fato / fatto		7. papa / pappa
4. nono / nonno		8. sono / sonno

I. Accento tonico. Can you hear where the stress falls in an Italian word? Underline the stressed vowel in each of the following words. You will hear each word twice. Then check your answers in the Answer Key.

1. grammatica		6. trentatré
2. importanza		7. subito
3. partire		8. umiltà
4. partirò		9. abitano
5. musica		10. cantavano

J. Accento scritto. Can you tell where a written accent is used in Italian? Remember, if written accents appear in Italian, they do so only on the final syllable of a word when that syllable is stressed. Add a grave accent only when necessary to the following words. You will hear each word twice. Then check your answers in the Answer Key.

1. prendere	3. caffè	5. cinquanta	7. virtù
2. prenderò	4. università	6. civiltà	8. tornare

D. Numeri da uno a cento

A. Numeri. Repeat the numbers after the speaker.

zero	undici	trenta
uno	dodici	quaranta
due	tredici	cinquanta
tre	quattordici	sessanta
quattro	quindici	settanta
cinque	sedici	ottanta
sei	diciassette	novanta
sette	diciotto	cento
otto	diciannove	
nove	venti	
dieci	ventuno	

B. Prefissi e numeri di telefono. Repeat the following area codes and phone numbers after the speaker.

> ESEMPIO: *You read and hear:* prefisso: zero-cinque-sette-quattro;
> numero di telefono: quarantasei-zero sette-ottantasette
> *You say:* prefisso: zero-cinque-sette-quattro;
> numero di telefono: quarantasei-zero sette-ottantasette

1. prefisso: zero-cinque-sette-quattro;
   numero di telefono: quarantasei-ottantasei-trenta
2. prefisso: zero-cinque-cinque;
   numero di telefono: sessantasei-quarantatré-ventisette
3. prefisso: zero-sei;
   numero di telefono: trentasei-venticinque-ottantuno-quarantotto
4. prefisso: zero-due;
   numero di telefono: sessantuno-undici-cinquanta
5. prefisso: zero-sette-cinque;
   numero di telefono: ventitré-novantasette-zero otto
6. prefisso: zero-cinque-sette-tre;
   numero di telefono: sessantadue-novantuno-settantotto

In ascolto

Numeri di telefono. Take a moment to look over the telephone numbers listed below. Then, listen carefully and indicate the number you hear for each person or business.

1. Qual è il numero di telefono di Elisabetta?
   Il numero di Elisabetta è 67.21.32.
2. Qual è il numero di telefono della pasticceria Vanini?
   Il numero della pasticceria è 44.78.16.
3. Qual è il numero di telefono della signora Cecchettini?
   Il numero della signora Cecchettini è 91.15.53.
4. Qual è il numero di telefono del ristorante Bianchi?
   Il numero di telefono è 12.18.26.

E. Calendario

A. I mesi. Repeat the names of the months in Italian, after the speaker.

gennaio	maggio	settembre
febbraio	giugno	ottobre
marzo	luglio	novembre
aprile	agosto	dicembre

B. In che mese? You will hear a series of questions about national holidays. Each question will be said twice. Listen carefully, then say the name of the month in which each holiday falls. Repeat the response.

> ESEMPIO: *You hear:* In che mese è il giorno di Cristoforo Colombo?
> *You say:* In ottobre.
> *You hear:* In ottobre.
> *You repeat:* In ottobre.

1. In che mese è l'anniversario del giorno dell'Indipendenza? In luglio.
2. In che mese è Halloween? In ottobre.
3. In che mese è Thanksgiving, il giorno del Ringraziamento? In novembre.
4. In che mese è il giorno di Martin Luther King? In gennaio.

C. Compleanni. Your Italian cousin wants to update her electronic calendar with her Italian-American relatives' birthdays. Help her by giving your family's birthdays in Italian style. Read the dates aloud as in the example and repeat the response.

> ESEMPIO: *You read:*
> *You hear:* Quando è nato Marcello?
> *You say:* Marcello, il due giugno.
> *You hear:* Marcello, il due giugno.
> *You repeat:* Marcello, il due giugno.

1. Quando è nato Andrea?
   Andrea, il ventuno agosto.
2. Quando è nata Stefania?
   Stefania, il ventiquattro settembre.
3. Quando è nato Fabrizio?
   Fabrizio, il diciannove giugno.
4. Quando è nato Mario?
   Mario, il ventinove marzo.
5. Quando è nato Luca?
   Luca, il cinque febbraio.
6. Quando è nata Rossana?
   Rossana, il sette maggio.

D. Giorni della settimana. Write down the days of the week as you hear them. Then say them in the correct order. Check your answers in the Answer Key.

1. martedì
2. giovedì
3. sabato
4. domenica
5. venerdì
6. lunedì
7. mercoledì

Now say the days of the week in order.

Now the days of the week will be read in the correct order with pauses for repetition.

lunedì	venerdì
martedì	sabato
mercoledì	domenica
giovedì	

E. Che stagione? You will hear a series of months. You will hear each month twice. Listen carefully, then circle the name of the season in which the month falls.

> ESEMPIO: *You hear:* febbraio
> *You circle:*

1. aprile   2. ottobre   3. gennaio   4. luglio

The answers are 1. primavera   2. autunno   3. inverno   4. estate

F. Mesi, stagioni, anni, giorni della settimana... Annalisa has many questions for Paolo. Each part of their dialogue will be read three times. The first time, listen carefully. The second time, number the sentences from 1 to 6. The third time, check for the correct order. Then check your answers in the Answer Key.

Part 1:
ANNALISA: Paolo, in che mese sei nato?
   PAOLO: In settembre.
ANNALISA: In che anno?
   PAOLO: Nel millenovecentosettantaquattro.
ANNALISA: Quanti anni hai allora?
   PAOLO: Ho trentuno anni.

Part 2:
ANNALISA: Sai in che giorno della settimana sei nato?
   PAOLO: Sono nato di venerdì.
ANNALISA: Che giorno del mese?
   PAOLO: Il 29 settembre.
ANNALISA: In che stagione sei nato?
   PAOLO: In autunno.

F. Parole simili

A. Perché l'italiano? Listen to and repeat the correct pronunciation for Italian words that you probably use in English. Pay attention to the difference in pronunciation between the way you probably say the name and the way the native Italian speaker does.

1. I nomi della moda
    Valentino, Armani, Versace, Dolce e Gabbana, Ferragamo, Laura Biagiotti, Gucci, Benetton
2. I nomi dell'arte
    Michelangelo, Giotto, Raffaello, Tiziano, Botticelli, Cellini
3. I nomi della letteratura
    Dante Alighieri, Giovanni Boccaccio, Niccolò Machiavelli, Giacomo Leopardi, Luigi Pirandello, Italo Calvino, Umberto Eco, Dario Fo
4. I nomi del cinema: registi
    Bernardo Bertolucci, Federico Fellini, Luchino Visconti, Pier Paolo Pasolini, Sergio Leone, Michelangelo Antonioni, Martin Scorsese, Francis Ford Coppola

5. I nomi del cinema: attori
   Sophia Loren, Marcello Mastroianni, Roberto Benigni, Robert DeNiro, Danny Aiello, Danny DeVito
6. I nomi della storia e della politica
   Cristoforo Colombo, Giuseppe Garibaldi, Benito Mussolini, Fiorello La Guardia, Al Capone, Rudy Giuliani, Mario Cuomo, Geraldine Ferraro

B. Benvenuti in Italia! You will hear a person introduce himself twice. The first time, listen carefully for specific details. **Attenzione!** The information is not given exactly in the order requested in the list. The second time, listen and complete the information. Then check your answers in the Answer Key. Scan the list now.

JIM: Buon giorno. Mi chiamo Jim Walker. Sono di Boulder, in Colorado. Sono insegnante d'italiano all'Università del Colorado. Ho trentacinque anni. Sono nato a San Francisco, in California, il 28 gennaio 1969. Adesso sono in Italia, in una stazione, in viaggio per Venezia.

C. Tocca a te! Now it is time to introduce yourself. You will be asked a few questions. Listen to each question, then stop the audio and write the answer in the space provided. When you are done and you start the audio again, the questions will be repeated and sample answers will be given, followed by a pause for you to say your answer. Check your answers in the Answer Key.

1. E tu, come ti chiami?
2. Di dove sei?
3. Quanti anni hai?
4. Qual è la tua professione?

Now listen to the questions with sample answers. Then say your answer.

1. E tu, come ti chiami?   Mi chiamo Mary Higgs.
2. Di dove sei?   Sono di San Diego.
3. Quanti anni hai?   Ho 27 anni.
4. Qual è la tua professione? Sono studentessa d'italiano.

Sara in Italia

Sara, a student at the University of Wisconsin-Madison, is traveling through Italy to perfect her Italian. You will accompany her on her visit throughout the peninsula as she discovers Italian cities and meets and converses with Italians.

Now, listen as she introduces herself. Listen carefully, as many times as you need to. Then, answer the questions you hear. You will hear each question twice. Repeat the response.

Ciao! Mi chiamo Sara e sono una studentessa d'italiano americana. Sono di New York. Sono nata il nove giugno 1984. Sono una persona seria, intelligente, estroversa e ottimista. Mi piace viaggiare. Infatti, in luglio e agosto sono in Italia in vacanza, a visitare le regioni e fare pratica d'italiano.

Here are the questions.

1. Di dov'è Sara?   Sara è di New York.
2. Quando è nata Sara?   È nata il nove giugno millenovecentoottantaquattro.
3. Com'è Sara?   È una persona seria, intelligente, estroversa, ottimista.
4. Quando è in Italia Sara?   Sara è in Italia in luglio e agosto.
5. Sara è una studentessa di filosofia? No, Sara è una studentessa d'italiano.

CAPITOLO 1

Benvenuti a tutti!

 ## *Vocabolario preliminare*

A. Per cominciare. You will hear a short dialogue followed by a series of statements about the dialogue. Each statement will be read twice. Circle **vero** if the statement is true or **falso** if it is false.

Here is the dialogue.

CLIENTE: Buon giorno. Un biglietto per Venezia, per favore.
IMPIEGATO: Ecco. Sono cinquantasette euro.
CLIENTE: Ah, scusi, un'informazione. C'è un ufficio cambio qui in stazione?
IMPIEGATO: No, ma c'è una banca qui vicino, in Piazza Garibaldi.
CLIENTE: Grazie e arrivederci.
IMPIEGATO: Prego! Buona giornata!

Here are the statements.

1. La destinazione del cliente è Verona.
2. C'è un ufficio cambio in stazione.
3. C'è una banca in Piazza Garibaldi.

Le risposte sono: 1. falso   2. falso   3. vero

B. In una stazione italiana. You will hear a dialogue followed by five questions. You will hear the dialogue twice. The first time, listen carefully, paying attention to rhythm and intonation. The second time, Patrick's lines will be followed by pauses for repetition. Then answer the questions. Repeat the response.

Here is the dialogue.

PATRICK: Buon giorno. Ho una prenotazione per due persone per Firenze, con un treno Eurostar.
IMPIEGATO: Scusi, un momento. Che cognome, prego?
PATRICK: Willis.
IMPIEGATO: Come si scrive?
PATRICK: Doppia Vu- I -Doppia Elle- I- Esse. Willis.
IMPIEGATO: Bene, ecco i due biglietti per Firenze e il supplemento per l'Eurostar. Va bene?
PATRICK: Va bene. Scusi, un'informazione. C'è un ufficio postale qui in stazione?
IMPIEGATO: No, non in stazione, ma qui vicino, in Via Gramsci.
PATRICK: Grazie e arrivederci.
IMPIEGATO: Prego! Buona giornata!

Now the dialogue will be repeated with pauses for repetition of Patrick's lines.

Here are the questions.

1. Qual è il cognome del passeggero? / Willis
2. Che tipo di treno? / Eurostar
3. C'è un supplemento? / Sì
4. C'è un ufficio postale in stazione? / No
5. Dov'è un ufficio postale? / In Via Gramsci

C. Mezzi di trasporto. You will hear five vehicle sounds. Listen carefully to the audio, then tell which vehicle you associate with the sound you hear. Use **È** in your answer. Repeat the response.

> ESEMPIO: *You hear:* (train sounds)
> *You read:* un treno / un aeroplano
> *You say:* È un treno.

1. (motorcycle sounds)   È una moto.
2. (car sounds)   È una macchina.
3. (airplane sounds)   È un aeroplano.
4. (bicycle sounds)   È una bicicletta.
5. (bus sounds)   È un autobus.

D. Luoghi. You will hear six sounds of places around town. Listen carefully, then select the place you associate with the sound you hear. Use **È** in your answer. Repeat the response.

> ESEMPIO: *You hear:* (bells ringing)
> *You say:* È una chiesa.

1. (noises of a stadium during a soccer game)   È uno stadio.
2. (noises of music, glasses, friends greeting each other «Ciao!»)   È un bar.
3. (sounds of different animals)   È uno zoo.
4. (sound of a siren of an ambulance)   È un ospedale.
5. (sounds of trains departing from a station)   È una stazione.
6. (sound of a bell ringing in a classroom)   È una scuola.

E. In città. You will hear a series of statements about where things are located in the city center. You will hear each statement twice. Listen carefully, then circle **vero** if the statement is true or **falso** if it is false. First, stop the audio and look over the map.

> ESEMPIO: *You hear:* C'è una farmacia in Piazza Verdi.
> *You circle:*

1. C'è un ristorante in Via Garibaldi.
2. C'è un cinema in Via Botticelli.
3. C'è un museo in Via Giulio Cesare.
4. C'è una banca in Piazza Fontana.
5. C'è un supermercato in Viale Dante.
6. C'è una scuola in Viale Gramsci.

Le risposte sono: 1. falso 2. vero 3. falso 4. falso 5. falso 6. vero

In ascolto

In centro (*Downtown*). Listen carefully and refer to the map of the city on page 14. Decide whether the statements you hear are true or false.

1. C'è un museo in Via Mazzini.
2. C'è un bar in Via Canova.
3. La banca è tra un albergo e un cinema.

You will hear three questions about the locations of three buildings in the city. Listen carefully, refer to the map, and write down the answers.

4. Dov'è una stazione?
5. Dov'è una scuola?
6. Dov'è una farmacia?

Grammatica

A. Nomi: genere e numero

A. Per cominciare. You will hear a dialogue twice. The first time, listen carefully. The second time the dialogue will be read with pauses for repetition. Pay careful attention to rhythm and intonation.

Here is the dialogue.

VENDITORE:	Panini, banane, gelati, vino, caffè, aranciata, birra...
TURISTA AMERICANA:	Due panini e una birra, per favore!
VENDITORE:	Ecco, signorina! Nove euro.
TURISTA AMERICANA:	Ecco nove dollari. Va bene?

Now the dialogue will be repeated with pauses for repetition.

B. In una stazione. Alessandra, Marco, and their son Leonardo are waiting for their train. It's past noon and they are getting hungry. You will hear their dialogue twice. Complete the chart by marking an **X** in the box corresponding to the food or drink bought for each person. Check your answers in the Answer Key. Scan the chart now.

Here is the dialogue.

VENDITORE:	Panini, banane, gelati, vino, aranciata, caffè, birra...
MARCO:	Un panino, Alessandra?
ALESSANDRA:	Sì, grazie, e un caffè.
MARCO:	Un panino e un caffè per la signora. E per me, un panino e una birra, per favore.
VENDITORE:	Quattordici euro.
MARCO:	E una banana per Leonardo.
VENDITORE:	Quindici euro allora.
MARCO:	Ecco qui.
VENDITORE:	Grazie e buon viaggio!

Now the dialogue will be repeated.

C. Maschile o femminile? You will hear eight words twice. Indicate their gender by circling **maschile** or **femminile,** as appropriate.

> ESEMPIO: *You hear:* ristorante
> *You circle:*

1. farmacia   3. auto   5. bar   7. treno
2. giornale   4. cinema   6. banca   8. gelato

Le risposte sono: 1. femminile 2. maschile 3. femminile 4. maschile 5. maschile 6. femminile 7. maschile 8. maschile

D. Singolare e plurale. Give the plural forms of the following words. Repeat the response.

> ESEMPIO: *You hear:* macchina
> *You say:* macchine

1. bicicletta / biciclette   3. caffè / caffè   5. amica / amiche
2. dollaro / dollari   4. autobus / autobus   6. amico / amici

B. Articolo indeterminativo e *buono*

A. Facendo le valige. Fabio is packing his bags for a trip to the United States. He is listing all the things he will need. Listen carefully to his list and check the items that he needs to take with him. You will hear the list twice. Check your answers in the Answer Key.

Here is the list.

FABIO: Vediamo, ho bisogno di un passaporto, una mappa della città, un biglietto aereo, una carta di credito, una borsa grande, uno zaino e basta!

Now the list will be repeated.

B. Un buon caffè in aeroporto... Fabio savors his last Italian coffee at the airport bar and comments on how good all the food is. First, stop the audio and complete the following passage with the correct form of **buono.** Then start the audio and listen to Fabio's praise. Check your answers in the Answer Key. Now stop the audio and complete the passage.

FABIO: Che buon bar è questo! Ha un buon espresso, un buon cappuccino e buoni panini, una buon'aranciata, una buona birra, un buon vino, e buoni liquori.

C. Auguri. At Fabio's departure his family exclaimed, **Buon viaggio!** Now send your wishes using the following list of words, with the appropriate forms of **buono.** Say each expression in the pause after the item number. Repeat the response.

     ESEMPIO: *You read:* viaggio
                   You say: Buon viaggio!

1. Buon Natale!
2. Buona Pasqua!
3. Buon Anno!
4. Buon appetito!

5. Buona domenica!
6. Buona fortuna!
7. Buon week-end!
8. Buone vacanze!

C. Presente di *avere* e pronomi soggetto

A. Per cominciare. You will hear a dialogue twice. The first time, listen carefully. The second time, it will be read with pauses for repetition. Pay careful attention to rhythm and intonation.

Here is the dialogue.

         MASSIMO: E Lei, signora, ha parenti in America?
SIGNORA PARODI: No, Massimo, non ho parenti, solo amici. E tu, hai qualcuno?
         MASSIMO: Sì, ho uno zio in California e una zia e molti cugini in Florida.

Now the dialogue will be repeated with pauses for repetition.

B. Parenti, amici, cugini in America. The following dialogue will be read twice. The first time, listen carefully. The second time, write the missing words. Check your answers in the Answer Key.

Here is the dialogue.

         MASSIMO: Ecco qui, signora Parodi, in questa foto io sono con uno zio a Disneyland e qui sono a Miami, con un cugino. Loro sono di Los Angeles.
SIGNORA PARODI: Hai parenti in America?
         MASSIMO: Sì, ho uno zio e un cugino in California e una zia e cugini in Virginia.
SIGNORA PARODI: Hai molti cugini?
         MASSIMO: Sì, otto. E Lei e il signor Parodi, hanno parenti in America?
SIGNORA PARODI: No, Massimo, non abbiamo parenti, solo amici.

Now the dialogue will be repeated.

C. Cosa abbiamo? Tell what the following people have, using the oral and written cues. Repeat the response.

> ESEMPIO: *You read and hear:* tu
> *You hear:* una macchina
> *You say:* Tu hai una macchina.

1. Roberto ed io / cinquanta dollari   Roberto ed io abbiamo cinquanta dollari.
2. Giancarlo e Patrizia / un cane   Giancarlo e Patrizia hanno un cane.
3. tu e Elisa / un dizionario d'italiano   Tu e Elisa avete un dizionario d'italiano.
4. una studentessa / uno zaino   Una studentessa ha uno zaino.
5. uno studente / un giornale   Uno studente ha un giornale.

D. Una domanda? You will hear some phrases that can be either statements or questions. Each phrase will be read twice. Listen carefully to the intonation used and circle *statement* or *question*, as appropriate.

> ESEMPIO: *You hear:* Hai fame.
> *You circle:*

1. C'è una farmacia in piazza Fontana.
2. Due panini e una birra.
3. Un biglietto per Roma?
4. Un biglietto per Firenze, per favore.
5. C'è un museo in Via Mazzini?
6. Hai amici?

Le risposte sono: 1. statement   2. statement   3. question   4. statement   5. question   6. question

E. Fare domande. Ask questions based on the following drawings. Use the oral and written cues. Repeat the response.

> ESEMPIO: *You hear and see:* una Ferrari
> *You read:* tu
> *You say:* Hai una Ferrari?

1. due valige   Ha due valige?
2. bambini   Hanno bambini?
3. una moto   Avete una moto?
4. una bicicletta   Hanno una bicicletta?
5. un poster   Ho un poster?

F. Persone, persone... You will hear a series of statements. Circle the pronoun that refers to the subject of each sentence. As you know, Italian doesn't need to have an expressed subject in its sentences, since the verb endings tell who is doing what. Concentrate on the verb endings and circle the corresponding subject pronoun.

1. Ho una foto.
2. Abbiamo due gatti.
3. Ha un cugino.
4. Hanno un motorino.
5. Avete soldi.
6. Hai una bicicletta.

Le risposte sono: 1. io   2. noi   3. lei   4. loro   5. voi   6. tu

D. Espressioni idiomatiche con *avere*

A. Come sta Gilda? Look at the illustrations and tell how Gilda is doing today. Respond during the pause after each item number. Repeat the response.

> ESEMPIO: *You see:*
> *You say:* Gilda ha freddo.

1. Gilda ha sonno.
2. Gilda ha fame.
3. Gilda ha paura.
4. Gilda ha sete.
5. Gilda ha fretta.

B. Ho... You will hear a dialogue twice. The first time, listen carefully. The second time, write the missing words. Check your answers in the Answer Key.

Here is the dialogue.

ANGELO: Oh, che caldo. Non hai caldo, Silvia?
SILVIA: Un po', ma sto bene così.

ANGELO: E sete? Io ho proprio sete adesso. Hai voglia di una birra?

SILVIA: No, grazie, ma ho fame. Ho voglia di un panino.

ANGELO: Chissà se c'è un bar in questa stazione.

SILVIA: Sì, c'è, ma non abbiamo tempo, solo cinque minuti.

ANGELO: Hai ragione, non è una buon'idea. Oh, ma guarda, c'è un venditore... Qui, per favore!

Now the dialogue will be repeated.

C. Fame, freddo, sete, caldo, sonno. State a logical conclusion to each sentence that you hear about the following people. Write your answer in the space provided. Check your answers in the Answer Key.

> ESEMPIO: *You read:* Mario
> *You hear:* Mario ha voglia di un panino.
> *You say and write:* Ha fame.

1. Alessandro è in montagna, in inverno.   Ha freddo.
2. Sono in aereo.   Ho paura.
3. È estate, sono 90º F. Anna è in città.   Ha caldo.
4. Sonia è in un bar. Ha voglia di una Coca-Cola. Ha sete.
5. Riccardo è in un ristorante.   Ha fame.
6. Hai bisogno di un caffè.   Hai sonno.

D. E tu? Answer the following questions about yourself. Answer each question in the pause provided.

1. Come stai oggi?   4. Hai sonno?
2. Di che cosa hai bisogno oggi?   5. Hai sete?
3. Hai fame?

Pronuncia: The sounds of the letter "c"

As you learned in the **Capitolo preliminare, c** represents two sounds: [k] as in the English word *cat*, and [č] as in the English word *cheese*. Remember that **c** *never* represents the [s] sound in Italian.

A. *C* dura. The [k] sound occurs when **c** is followed directly by **a, o, u, h,** or another consonant. Listen and repeat.

1. caldo   4. che   7. crema   9. fresche
2. come   5. chi   8. macchina   10. ics
3. cugina   6. clima

B. *C* dolce. The [č] sound occurs when **c** is followed directly by **e** or **i**. Listen and repeat.

1. cena   4. ciglio   7. ricetta   9. diciotto
2. città   5. ciuffo   8. aranciata 10. piaciuto
3. ciao   6. piacere

C. *C* e doppia *c*. Compare and contrast the single and double sound. Note the slight change in vowel sound when the consonant following is doubled. Listen and repeat.

1. aceto / accetto   3. bacato / baccano
2. caci / cacci   4. cucù / cucchiaio

D. Parliamo italiano! You will hear each sentence twice. Listen and repeat.

1. Il cinema è vicino al supermercato.
2. Cameriere, una cioccolata ed un caffè, per piacere!
3. Come si pronuncia **bicicletta?**
4. Michelangelo è un nome, non un cognome.

Dialogo

Prima parte. At the train station in Perugia. Gina and Massimo are waiting for Filippo's arrival.

Listen carefully to the dialogue.

GINA: Allora, chi è questo Filippo? Quanti anni ha? Di dov'è?
MASSIMO: È professore d'italiano a Boston, ma è nato a Roma. Ha trentadue anni ed è un buon amico di famiglia....
GINA: Hai una foto?
MASSIMO: No, ma ecco Filippo. È quello lì. Finalmente!...
FILIPPO: Ciao, Massimo, come va?
MASSIMO: Ciao, Filippo, bene, grazie!
GINA: Ciao, Filippo, io sono Gina, benvenuto a Perugia!
FILIPPO: Piacere, Gina e grazie!
MASSIMO: Filippo, hai sete o fame? C'è un bar qui vicino se hai voglia di un panino o di una bibita...
FILIPPO: Sì, ho fame e un panino va bene, ma ho anche bisogno di soldi. C'è una banca qui in stazione?
GINA: Sì, ecco. Andiamo in banca e poi al bar. Ho caldo e ho bisogno di una bibita.

Seconda parte. Listen to the dialogue again. Pay attention to places and numbers pertaining to Filippo. Try to understand what he needs as well.

Terza parte. You will hear six sentences based on the dialogue. You will hear each sentence twice. Circle **vero** if the statement is true and **falso** if false.

1. Filippo è professore d'italiano.
2. Filippo ha 35 anni.
3. Filippo è di Roma.
4. Filippo abita a Roma.
5. Filippo ha caldo e ha bisogno di una birra.
6. Gina ha sete e ha voglia di una bibita.

Le risposte sono: 1. vero 2. falso 3. vero 4. falso 5. falso 6. vero

Ed ora ascoltiamo!

You will hear a conversation between Dottor Ricci and Gina. Listen carefully, as many times as you need to. Pay attention to the possible location of the dialogue, and Dottor Ricci's needs and actions.

Here is the dialogue.

GINA: Buona sera, dottor Ricci.
DOTTOR RICCI: Buona sera, come va?
GINA: Bene e Lei?
DOTTOR RICCI: Abbastanza bene, grazie. Un caffè, per favore!
GINA: Solo un caffè oggi?
DOTTOR RICCI: Sì, grazie. Ho una lezione all'università tra cinque minuti.
GINA: Ecco a Lei un espresso.
DOTTOR RICCI: Benissimo. Ho proprio bisogno di un caffè.

Now stop the audio and complete the sentences about Dottor Ricci.

Le risposte sono: 1. a 2. a 3. b 4. a

Dettato

La punteggiatura. The following punctuation marks will be read with pauses for repetition.

punto	apostrofo
virgola	parentesi aperta
punto e virgola	parentesi chiusa
due punti	virgolette aperte
punto esclamativo	virgolette chiuse
punto interrogativo	

What's in Filippo's suitcase? You will hear a brief dictation three times. The first time, listen carefully. The second time, the dictation will be read with pauses. Write what you hear. The third time, check what you have written. Pay particular attention to punctuation. Write on the lines provided. Check your dictation in the Answer Key.

Ecco che cosa ha Filippo in una valigia (due punti): un computer (virgola), cinque libri di testo d'italiano (virgola), un dizionario (virgola), una carta d'Italia (virgola), quattro quaderni (virgola), tre penne e due matite (punto).

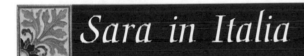

Sara in Italia

Sara is on a plane at the airport in Milan. Destination: Palermo! An Italian gentleman is about to sit next to her.

Listen carefully, as many times as you need to. Then, answer the questions you hear. You will hear each question twice. Repeat the response.

ALBERTO: Ecco qui, 10A, finestrino... mi scusi...
SARA: Di niente.
ALBERTO: Buon giorno, mi chiamo Alberto Fabbri.
SARA: Piacere! Sara Washington.
ALBERTO: Oh, è americana? Di dov'è?
SARA: Sono di New York.
ALBERTO: Io di Milano.
SARA: Scusi se sono nervosa. Ho sempre paura dell'aeroplano.
ALBERTO: Anch'io. Forse abbiamo bisogno di una buona camomilla! Va in Italia?
SARA: Sì, per due mesi. Prima vado in Sicilia e poi in molte altre città, in tutta Italia. Ho parenti in molte regioni: in Sicilia, Campania, Toscana e Veneto… e anche a Roma. Infatti ho anche un passaporto italiano. Mia mamma è italiana.
ALBERTO: Che bello! Io invece vado a Roma a trovare due amici. Ma solo per una settimana!

Here are the questions.

1. Di dov'è il signor Fabbri?   È di Milano.
2. Perché è nervosa Sara?   Ha sempre paura dell'aeroplano.
3. Di che cosa hanno bisogno Sara e il signor Fabbri?   Hanno bisogno di una camomilla.
4. Dove sono i parenti di Sara?   I parenti di Sara sono in Sicilia, in Campania, in Toscana, in Veneto e a Roma.
5. Dove ha amici il signor Fabbri?   Ha amici a Roma.

ABRE_NOW_ARA

CAPITOLO **2**

La classe e i compagni

 ## Vocabolario preliminare

A. Per cominciare. You will hear a dialogue twice. The first time, listen carefully. The second time it will be read with pauses for repetition.

Here is the dialogue.

ANDREA: Ecco una foto di una mia amica, Paola. Lei è di Palermo, in Sicilia.
VALERIA: È davvero bella…
ANDREA: Oh sì, Paola è straordinaria: è simpatica, divertente, sensibile ed è anche molto gentile…
VALERIA: Sono sicura che Paola ha una grande pazienza, perché tu sei sempre stressato e nervoso!

Now the dialogue will be repeated with pauses for repetition.

B. La classe e i compagni. You will hear a passage in which Angelo describes his first day of class. The passage will be read three times. The first time, listen carefully. The second time, complete the chart. The third time, check what you have written. Check your answers in the Answer Key.

Here is the passage.

ANGELO: Primo giorno di scuola oggi! Sono in un'aula piuttosto grande. Ci sono due grandi lavagne e un orologio… e 20 studenti, 20 nuovi compagni di classe, 13 ragazze e 7 ragazzi. Sono un po' nervoso. Ho già due compagni di banco. A destra una ragazza alta, bruna, occhi neri magnetici, con gli occhiali. Si chiama Caterina e sembra molto simpatica. A sinistra un ragazzo robusto, sportivo e allegro che si chiama Enrico. Anche Enrico è bruno, ma ha gli occhi verdi. Io invece sono molto diverso: sono magro, piccolo, ho i capelli biondi e gli occhi azzurri. Ma sono anch'io sportivo e molto energico. Sono sicuro che noi tre andremo d'accordo.

Now the passage will be repeated.

C. Nazionalità. You find yourself in a classroom full of international students. Identify the students' nationality and the language they speak. Repeat the response.

> ESEMPIO: *You read and hear:* Robert è di Minneapolis.
> *You say:* Robert è americano e parla inglese.

1. Amy è di Denver.   Amy è americana e parla inglese.
2. Marc è di Ottawa.   Marc è canadese e parla inglese.
3. Keiko è di Tokio.   Keiko è giapponese e parla giapponese.
4. Angelo è di Torino.   Angelo è italiano e parla italiano.
5. Kurt è di Berlino.   Kurt è tedesco e parla tedesco.
6. Héctor è di Città del Messico.   Héctor è messicano e parla spagnolo.

18 *Prego! Audioscript*

7. María è di Madrid. María è spagnola e parla spagnolo.
8. Jean-Paul è di Aix-en-Provence. Jean-Paul è francese e parla francese.

D. Una famiglia europea. You will hear a passage about a family, followed by a series of statements. You will hear both the passage and the statements twice. Listen carefully, then indicate whether the statements you hear are **vero o falso,** true or false.

Here is the passage.

La famiglia di Filippo è una vera famiglia europea. Tutti sono nati in una parte diversa d'Europa. Per esempio, Filippo è italiano perché è nato e abita in Italia, ma i genitori vengono dalla Spagna e dalla Francia. La madre, Jeanine, è francese. Pedro, il padre, è spagnolo. Una famiglia interessante: la mamma di Filippo è alta e magra con i capelli rossi, il padre invece è robusto e di statura media, con i capelli scuri. Anche Filippo è robusto ma alto ed è bruno come il padre.

Now the passage will be repeated.

Vero o falso?

1. La madre di Filippo è spagnola. 4. Il padre di Filippo è bruno.
2. Filippo è spagnolo. 5. Filippo e il padre sono robusti.
3. Filippo è di statura media come la madre.

Le risposte sono: 1. falso 2. falso 3. falso 4. vero 5. vero

In ascolto

Nuovi compagni di classe. Sara attended her biology class for the first time today. Here are her notes, not about biology, but about her male classmates! Listen as she reads her notes to her best friend, and fill in the missing information in the chart about the three guys she met (**i tre ragazzi**).

Nel corso di biologia, ci sono solo tre regazzi: Alessandro, Pietro e Massimo. Massimo ha trent'anni, è di statura media con i capelli neri e gli occhi neri; peccato, è antipatico! Pietro invece, è timido. È un ragazzo alto, di ventitré anni con gli occhi azzurri e i capelli biondi. Alessandro ha ventun anni. È alto, con capelli neri e occhi verdi... il mio ideale!

Grammatica

A. Aggettivi

A. Per cominciare. You will hear a dialogue followed by two lists of adjectives describing Tina and Lorenzo. Listen carefully and complete the phrases by circling all the adjectives that describe Tina and Lorenzo.

Here is the dialogue.

CARLO: Come si chiama tua sorella?
MARIA: Si chiama Tina.
CARLO: Com'è?
MARIA: È simpatica, intelligente e sportiva. E tuo fratello? Com'è?
CARLO: Si chiama Lorenzo. Lui è molto carino, ma è un po' timido.

Now stop the audio and circle the adjectives that describe Tina and Lorenzo.

Le risposte sono: 1. Tina è simpatica, intelligente e sportiva. 2. Lorenzo è carino e un po' timido.

B. Dal maschile al femminile. Change each expression you hear from masculine to feminine. Repeat the response.

> ESEMPIO: *You hear:* bambino buono
> *You say:* bambina buona

1. amico italiano / amica italiana
2. ragazzo americano / ragazza americana
3. studente intelligente / studentessa intelligente
4. cugino canadese / cugina canadese
5. signore simpatico / signora simpatica
6. zio basso / zia bassa

C. Opinioni divergenti. You and Claudio don't see eye to eye. For each of his remarks give the opposite reaction. Repeat the response.

> ESEMPIO: *You hear:* Che ragazzo simpatico!
> *You say:* Che ragazzo antipatico!

1. Che macchine piccole! / Che macchine grandi!
2. Che brutto stadio! / Che bello stadio!
3. Che ragazza allegra! / Che ragazza triste!
4. Che professori intelligenti! / Che professori stupidi!
5. Che signore giovani! / Che signore vecchie!
6. Che bambini cattivi! / Che bambini buoni!

D. Non uno, due! Point out two of the things Giovanna indicates. Repeat the response.

> ESEMPIO: *You hear:* Ecco una bella casa.
> *You say:* Ecco due belle case.

1. Ecco un grande ristorante. / Ecco due grandi ristoranti.
2. Ecco un vecchio museo. / Ecco due vecchi musei.
3. Ecco uno studente russo. / Ecco due studenti russi.
4. Ecco una piazza famosa. / Ecco due piazze famose.
5. Ecco un cane allegro. / Ecco due cani allegri.
6. Ecco una chiesa grande. / Ecco due chiese grandi.

E. Un americano a Firenze. Gerry has just arrived in Florence. He is calling Francesca, who is hosting him. They have a mutual friend, Salvatore, but have never met. You will hear the phone conversation twice. The first time, listen carefully. The second time, complete the sentences describing Gerry and Francesca.

Here is the phone conversation.

FRANCESCA: Pronto?
GERRY: Buon giorno, sono Gerry, l'amico di Salvatore. C'è Francesca per favore?
FRANCESCA: Sono io, piacere! Dove sei? Qui a Firenze?
GERRY: Sì, sono in stazione.
FRANCESCA: Vengo subito a prenderti. Piuttosto, come sei? Alto, basso, biondo, bruno... ?
GERRY: Sono alto, con i capelli neri, gli occhiali e la barba. Con me ho uno zaino rosso... E tu?
FRANCESCA: Sono bionda, con i capelli lunghi... e ho un vestito nero. Allora, sono lì tra venti minuti!

Now the phone conversation will be repeated.

Le risposte sono: 1. b   2. c   3. a

F. Identikit. You need to meet Marco, your Italian host, at the train station. Ask him questions about what he looks like, listen to his answers, and then answer the questions he asks you.

Frasi utili: Sono di statura media. Ho gli occhiali / le lenti a contatto. Ho gli occhi azzurri / verdi / neri / castani. Ho i capelli biondi / castani / rossi / neri / grigi / bianchi / lunghi / corti / ricci / lisci.

> ESEMPIO: *You read and ask:* Hai gli occhiali?
> *You hear:* Sì, ho gli occhiali, e tu?
> *You say:* Sì, ho gli occhiali. / No, non ho gli occhiali.

1. Sono di statura media, e tu?
2. Io ho gli occhi verdi, e tu?
3. Io ho i capelli neri, e tu?
4. Io ho i capelli ricci, e tu?
5. Io non ho le lenti a contatto e non ho gli occhiali, e tu?

G. Molto o molti? Add the correct form of **molto** to the following sentences. Repeat the response.

> ESEMPIO: *You hear and read:* Maria è timida.
> *You say:* Maria è molto timida.

1. Pietro è curioso.
2. Roberta è sincera e sensibile.
3. Luca non ha amici.
4. Luigi è triste.
5. Annalisa ha pazienza.
6. Gli spaghetti di Enrica sono buoni.

Pietro è molto curioso.
Roberta è molto sincera e sensibile.
Luca non ha molti amici.
Luigi è molto triste.
Annalisa ha molta pazienza.
Gli spaghetti di Enrica sono molto buoni.

H. Perugia, una tipica città italiana... Stop the audio to read the following passage and complete it with the correct form of **molto.** Then, start the audio and listen to the completed passage. The passage will be read twice. The second time it will be read with pauses for repetition. Check your answers in the Answer Key.

Now stop the audio and complete the passage. The first item has been done for you.

Here is the passage.

Questa è Perugia, una città molto bella, in Umbria. Ci sono molti monumenti famosi, molti musei e molte chiese. Gli abitanti sono molto orgogliosi di questa città. Purtroppo ci sono anche molti turisti e molto traffico. Insomma, non c'è molta pace nel centro storico.

Now the passage will be repeated with pauses for repetition.

B. Presente di essere

A. Chi sono Roberto, Luigi e Marco? You will hear a passage about these three roommates. You will hear the passage twice. The first time, listen carefully. The second time, complete the information. Check your answers in the Answer Key. Scan the list now.

Here is the passage.

Mi chiamo Roberto. Sono italiano. Sono di Milano. Ho vent'anni e sono studente all'università. Ho due compagni di casa; uno si chiama Luigi e l'altro si chiama Marco. Luigi ha diciannove anni ed è molto sportivo ed energico. Marco è il più giovane e ha diciotto anni. Lui è molto simpatico e divertente. Noi abbiamo due animali domestici, un gatto e un cane. Il gatto si chiama Rodolfo. Lui è un po' pazzo, ma è carino. Il cane si chiama Macchia. Ha quindici anni—è molto vecchio. Marco, Luigi ed io siamo contenti della casa e degli amici Rodolfo e Macchia.

Now the passage will be repeated.

B. Una festa a casa di Sabrina. Stop the audio to complete the dialogue with the correct form of **essere.** Then start the audio, listen to the dialogue, and answer the questions. Repeat the response. Check your written answers in the Answer Key.

Now stop the audio and complete the dialogue.

Here is the dialogue.

SABRINA: Sandro, sei libero stasera? C'è una festa a casa mia.
SANDRO: Ah sì, e chi c'è?
SABRINA: Ci sono i miei compagni di classe: Marta, Alba, Luigi e Marco.
SANDRO: Come sono?
SABRINA: Sono ragazzi simpatici. Siamo nello stesso corso di letteratura inglese. Marta e Alba sono due sorelle gemelle di diciannove anni e hanno già un appartamento tutto per loro in Trastevere. Luigi e Marco sono molto divertenti e hanno molti amici.
SANDRO: Va bene, vengo. Grazie per l'invito!

Here are the questions.

1. Chi c'è alla festa stasera?   Ci sono Marta, Alba, Luigi e Marco.
2. Che rapporto hanno Sabrina   Sono compagni di classe.
   e i ragazzi della festa?
3. Le ragazze sono amiche?   No, sono due sorelle gemelle.
4. Come sono i ragazzi?   Sono divertenti.

C. Nazionalità. You have friends from all over the world. Tell about them using the information you hear and the following nationalities. Repeat the response.

ESEMPIO: *You hear:* Katia e Ivan
               You read: russo
               You say: Katia e Ivan sono russi.

1. Alina / Alina è polacca.
2. Cinzia e Guido / Cinzia e Guido sono italiani.
3. tu e Sharon / Tu e Sharon siete irlandesi.
4. io e Rob / Io e Rob siamo olandesi.
5. María e Rosa / María e Rosa sono messicane.
6. tu / Tu sei coreana.
7. voi / Voi siete giapponesi.
8. Kurt e Hans/ Kurt e Hans sono tedeschi.

D. Un viaggio in Italia. You are showing Silvana a picture of the town where you stayed in Italy. Answer her questions, according to the cues. Repeat the response. First, take a moment to look at the drawing.

ESEMPIO: *You hear:* C'è una banca?
               You say: No, ci sono due banche.

1. C'è una chiesa? / No, ci sono due chiese.
2. C'è un museo? / Sì, c'è un museo.
3. C'è un ospedale? / No, ci sono due ospedali.
4. C'è un bar? / No, ci sono due bar.
5. C'è una piazza? / Sì, c'è una piazza.
6. Ci sono due teatri? / No, c'è un teatro.

C. Articolo determinativo e *bello*

A. Per cominciare. You will hear a dialogue twice. The first time, listen carefully. The second time, it will be read with pauses for repetition. Pay careful attention to rhythm and intonation.

Here is the dialogue.

DONATELLA: Ecco la nonna e il nonno, la zia Luisa e lo zio Massimo, papà e la mamma molti anni fa... Buffi, no?

GIOVANNA: E i due in prima fila chi sono?

DONATELLA: Sono gli zii di Chicago.

Now the dialogue will be repeated with pauses for repetition.

B. Una lista per un cocktail party... You and your roommate are writing down a list of items to buy for a cocktail party. Confirm your roommate's choices according to the cues. Add the definite article. Repeat the response.

> ESEMPIO: *You hear:* rum?
> *You say:* Il rum va bene!

1. aranciata? / L'aranciata va bene!
2. vino? / Il vino va bene!
3. scotch? / Lo scotch va bene!
4. birra? / La birra va bene!
5. grappa? / La grappa va bene!
6. espresso? / L'espresso va bene!
7. Coca-Cola? / La Coca-Cola va bene!
8. acqua tonica? / L'acqua tonica va bene!

C. La nuova città. Describe your new city using the following adjectives. Repeat the response.

> ESEMPIO: *You read:* grande
> *You hear:* piazze
> *You say:* Le piazze sono grandi.

1. stazione / La stazione è nuova.
2. aeroporto / L'aeroporto è piccolo.
3. ospedali / Gli ospedali sono vecchi.
4. negozi / I negozi sono eleganti.
5. musei / I musei sono famosi.
6. chiese / Le chiese sono antiche.
7. zoo / Lo zoo è grande.

D. Che bello! You are impressed with everything in your new Italian town. Use a form of **bello** to describe each item. Repeat the response.

> ESEMPIO: *You hear:* museo
> *You say:* Che bel museo!

1. scuola / Che bella scuola!
2. cinema / Che bel cinema!
3. università / Che bell'università!
4. piazze / Che belle piazze!
5. ragazzi / Che bei ragazzi!
6. cane / Che bel cane!
7. stadio / Che bello stadio!
8. alberghi / Che begli alberghi!

Pronuncia: The sounds of the letter "s"

The letter **s** represents two sounds in Italian: [s] as in the English word *aside*, and [z] as in the English word *reside*.

A. *S* sorda. The [s] sound occurs (1) at the beginning of a word, when **s** is followed by a vowel; (2) when **s** is followed by **ca, co, cu, ch,** or by **f, p, q,** or **t**; (3) when **s** is doubled. Listen and repeat.

1. salute	6. scandalo	11. spaghetti
2. sete	7. scolastico	12. squadra
3. simpatico	8. scuola	13. stadio
4. soldi	9. schema	14. basso
5. supermercato	10. sfera	

B. *S* sonora. The [z] sound occurs (1) when **s** is followed by **b, d, g, l, m, n, r,** or **v** and (2) when **s** appears between vowels. Listen and repeat.

1. sbagliato	4. slogan	7. sregolato	10. uso
2. sdraio	5. smog	8. sveglio	11. rose
3. sgobbare	6. snob	9. posizione	12. visitare

C. *S* e doppia *s*. Contrast the pronunciation of single and double **s** in these pairs of words. Listen and repeat.

1. casa / cassa	3. mesi / messi	5. rose / rosse
2. base / basse	4. risa / rissa	6. illuso / lusso

D. Parliamo italiano! You will hear each sentence twice. Listen and repeat.

1. Sette studentesse sono snelle.
2. Non sono dei grossi sbagli di pronuncia.
3. Tommaso ha sei rose rosse.
4. Gli studenti sbadigliano spesso.
5. Non siete stanchi di sgobbare?

Dialogo

Prima parte. Malpensa International Airport in Milan. Dawn, an American university student of Italian, has just arrived in Italy.

Listen carefully to the dialogue.

LUCIA: Pronto?
DAWN: Pronto, buon giorno, c'è Alberto, per favore? Sono l'amica di David, Dawn.
LUCIA: Ciao, Dawn, benvenuta in Italia! Sì, Alberto è qui, un momento...
ALBERTO: Ciao, Dawn, come va? Dove sei?
DAWN: Tutto bene, grazie. Sono in aeroporto.
ALBERTO: Oh bene, ho la macchina oggi, sono lì tra mezz'ora allora.
DAWN: Grazie mille, ma non c'è un autobus per il centro da questo aeroporto?
ALBERTO: Sì, c'è un autobus per la Stazione Centrale, ma no, vengo io con la macchina! Piuttosto, come sei? Ho una foto di te e David, ma è vecchia. Nella foto sei alta e bionda...

DAWN: Sì, con i capelli lunghi e lisci... ho anche gli occhiali. E tu, come sei?

ALBERTO: Di statura media, capelli castani ricci, baffi, robusto e ho una bella macchina francese, una Peugeot blu.

DAWN: Bene. Allora, a tra poco! Grazie!

Seconda parte. Listen to the dialogue again. Pay particular attention to information describing Dawn and Alberto and their means of transportation.

Terza parte. You will hear six sentences based on the dialogue. You will hear each sentence twice. Circle **vero** if the statement is true and **falso** if false.

1. Dawn è l'amica di Alberto.
2. Loro sono vecchi amici.
3. Dawn è alla Stazione Centrale.
4. Alberto ha una macchina blu.
5. Dawn è alta e ha i capelli neri e ricci.
6. Alberto è robusto e ha i capelli castani.

Le risposte sono: 1. falso 2. falso 3. falso 4. vero 5. falso 6. vero

Ed ora ascoltiamo!

Three people will introduce themselves to you. Listen carefully as many times as you need to. Write the name of the person next to the portrait that matches the description.

ELENA: Mi chiamo Elena. Sono di statura media, ho gli occhiali, ho capelli lunghi e ricci.

MARIA PIA: Mi chiamo Maria Pia. Sono bassa, robusta, ho le lenti a contatto, ho capelli corti e lisci.

BARBARA: Mi chiamo Barbara. Sono di statura media, non ho gli occhiali, ho capelli corti e ricci.

I nomi sono: Maria Pia, Barbara, Elena

Dettato

You will hear a brief dictation three times. The first time, listen carefully. The second time, the dictation will be read with pauses. Write what you hear. The third time, check what you have written. Write on the lines provided. Check your dictation in the Answer Key.

In quest'aula grande e luminosa ci sono ventisei studenti. Ci sono quattordici studentesse e dodici studenti. I banchi sono nuovi, le sedie sono comode, c'è l'aria condizionata e abbiamo anche un bel poster italiano e una bella carta geografica dell'Europa. La professoressa d'italiano è brava e le lezioni sono interessanti.

Sara in Italia

Sara is in Palermo, Sicily with her aunt Rosa Cianciotta. They are at San Giovanni degli Eremiti, a Norman church built in 1100.

Listen carefully, as many times as you need to. Then, answer the questions you hear. You will hear each question twice. Repeat the response.

SIGNORA CIANCIOTTA: Allora, Sara, come vedi, per te che sei interessata alla storia e all'architettura, Palermo ha tutto!

SARA: È vero, zia, queste chiese sono bellissime. Sono molto felice di essere in Sicilia! L'architettura araba e normanna sono straordinarie. Domani visitiamo la cattedrale di Monreale, no? Sono curiosa perché sono affascinata dai mosaici bizantini.

SIGNORA CIANCIOTTA: Qui vicino c'è anche il Palazzo Reale, che ha mosaici splendidi nella Cappella Palatina. E anche il Duomo non è molto lontano, ha uno stile gotico e arabo, molto caratteristico.

SARA: Ho voglia di visitare anche i templi greci, quando c'è tempo, e specialmente Taormina, con l'anfiteatro greco, o la valle dei templi a Agrigento.

SIGNORA CIANCIOTTA: Beh, hai dieci giorni qui in Sicilia, ci sono molte cose da vedere!

Here are the questions.

1. Che cosa interessa a Sara? A Sara interessa la storia e l'architettura.

2. Come sono le chiese di Palermo secondo Sara? Sono bellissime.

3. Ci sono mosaici bizantini a Palermo? Sì, ci sono mosaici bizantini.

4. Che cosa ha voglia di visitare Sara a Taormina e ad Agrigento? Ha voglia di visitare l'anfiteatro e i templi greci.

5. Quanti giorni ha Sara in Sicilia? Ha dieci giorni in Sicilia.

CAPITOLO 3

Mia sorella studia all'università

 Vocabolario preliminare

A. Per cominciare. You will hear a dialogue followed by four questions. You will hear the dialogue twice. The first time, listen carefully. The second time, it will be read with pauses for repetition. Then answer the questions. Repeat the response.

Here is the dialogue.

STEFANO: Ciao, mi chiamo Stefano, e tu?
PRISCILLA: Priscilla, sono americana.
STEFANO: Sei in Italia per studiare?
PRISCILLA: Sì, la lingua e la letteratura italiana…
STEFANO: Oh, parli bene l'italiano!
PRISCILLA: Studio anche la storia dell'arte. E tu, che cosa studi?
STEFANO: Studio storia e filosofia, ma l'arte è la mia passione!

Now the dialogue will be repeated with pauses for repetition.

Here are the questions.

1. Perché Priscilla è in Italia? / È in Italia per studiare.
2. Che cosa studia Priscilla? / Priscilla studia la lingua e la letteratura italiana e la storia dell'arte.
3. Che cosa studia Stefano? / Stefano studia storia e filosofia.
4. Stefano e Priscilla hanno una cose in comune. Che cosa? / La storia dell'arte.

B. In che corso? You will hear five questions based on the following drawings. Answer each question and repeat the response. Scan the drawings now.

> ESEMPIO: *You hear:* In che corso siamo?
> *You say:* In un corso di antropologia.

1. In che corso siamo? / In un corso di medicina.
2. In che corso siamo? / In un corso di matematica.
3. In che corso siamo? / In un corso di psicologia.
4. In che corso siamo? / In un corso di architettura.
5. In che corso siamo? / In un corso di letteratura.

C. Io studio... You will hear Annarita introduce herself and talk about her subjects of study. You will hear the passage twice. The first time, listen carefully. The second time, write the missing words. The first one has been done for you. Check your answers in the Answer Key.

Here is the passage.

Ciao, mi chiamo Annarita e sono una studentessa di liceo. Studio filosofia, storia e letteratura. Purtroppo devo studiare anche greco e latino. C'è anche una materia che detesto: matematica. Infatti, non sono brava in trigonometria; sono brava in lettere. La mia materia preferita è letteratura. Fisica è invece per me una materia noiosa e anche molto difficile.

Now the passage will be repeated.

D. Una famiglia di professori e studenti. You will hear a dialogue between two students, Alberto and Raffaella, as they are waiting to take an oral exam at the university. You will hear the dialogue twice. The first time, listen carefully. The second time, it will be read with pauses for repetition. Then complete the sentences that follow.

Here is the dialogue.

ALBERTO: Ciao, sei qui per l'esame di matematica?
RAFFAELLA: No, di fisica...
ALBERTO: I professori di fisica e matematica qui sono molto severi! Hai paura?
RAFFAELLA: Un po', la fisica è un esame importante...
ALBERTO: Già, io ho l'esame di matematica, e il professor Renzi è davvero severo! Per fortuna mia sorella studia ingegneria, lei mi aiuta con la matematica...
RAFFAELLA: Anche io sono fortunata. Mio fratello studia fisica, mia zia è professoressa di biologia, e mia madre di chimica.
ALBERTO: Che famiglia! E tuo padre?
RAFFAELLA: Mio padre è il professor Renzi!

Now the dialogue will be repeated with pauses for repetition.

Here are the completion sentences.

1. Raffaella ha un esame di...
   a. matematica.
   b. fisica.
   c. biologia.
2. Secondo Alberto i professori sono...
   a. molto severi.
   b. bravi.
   c. importanti.
3. La sorella di Alberto studia...
   a. matematica.
   b. fisica.
   c. ingegneria.
4. Il fratello di Raffaella studia...
   a. biologia.
   b. chimica.
   c. fisica.
5. Il padre di Raffaella, il professor Renzi, è un professore di (d')...
   a. ingegneria.
   b. fisica.
   c. matematica.

Le risposte sono: 1. b   2. a   3. c   4. c   5. c

In ascolto

La vita degli studenti. Fabio and Laura have a tough week ahead of them. Listen carefully to their conversation. Then, stop the audio and complete the following sentences.

LAURA: Ciao! Come va?
FABIO: Male, va male. Ho gli scritti di letteratura italiana domani, e sono molto nervoso.
LAURA: Dai altri esami questa settimana?

FABIO: Sì, mercoledì ho gli orali di storia moderna.

LAURA: Sei pronto?

FABIO: Sì, ma ho paura di dimenticare tutto. Ho bisogno di ripassare le date importanti.

LAURA: Perché non andiamo a studiare insieme in biblioteca? Tu studi storia e italiano, io preparo letteratura inglese. Va bene?

Grammatica

A. Presente dei verbi in *-are*

A. Per cominciare. You will hear a passage twice. The first time, listen carefully. The second time, write the missing **-are** verb forms. Check your answers in the Answer Key.

Here is the passage.

Noi siamo una famiglia d'insegnanti e di studenti: la mamma è professoressa di matematica, papà insegna francese in una scuola media, Gigi e Daniela frequentano le elementari ed io frequento l'università (studio medicina). Tutti studiamo e lavoriamo molto. Solo il gatto non studia e non lavora. Beato lui!

Now the passage will be repeated.

B. Chi? You will hear a series of sentences. You will hear each sentence twice. Circle the subject to which the sentences refer.

ESEMPIO: *You hear:* Suonate la chitarra?
You circle:

1. Come guidano bene!
2. Non studia molto.
3. Aspetti un'ora.

4. Non canta mai.
5. Non mangiano banane.
6. Lavoro sempre molto.

Le risposte sono: 1. b 2. b 3. b 4. a 5. b 6. a

C. Che confusione! You're at a party with Paolo, who has everything wrong about you and your friends. Correct him using the following information. Repeat the response.

ESEMPIO: *You read:* Voi lavorate in banca?
You hear: Sabrina e Ivan
You say: No, noi non lavoriamo in banca, Sabrina e Ivan lavorano in banca!

1. Carmen / No, io non parlo spagnolo, Carmen parla spagnolo!
2. Luisa e Franco / No, lei non abita a Firenze, Luisa e Franco abitano a Firenze!
3. Paul / No, noi non studiamo giapponese, Paul studia giapponese!
4. il professor Colombo / No, lei non insegna italiano, il professor Colombo insegna italiano!
5. Marina e Stefania / No, io non suono la chitarra, Marina e Stefania suonano la chitarra!
6. noi / No, lui non frequenta il corso di economia e commercio, noi frequentiamo il corso di economia e commercio!

B. Dare, stare, andare e fare

A. Per cominciare. You will hear a dialogue twice. The first time, listen carefully. The second time, it will be read with pauses for repetition.

Here is the dialogue.

SERGIO: Che fai per le vacanze di primavera?
GIACOMO: Christina ed io andiamo a casa mia a Perugia.
SERGIO: Andate in macchina o in treno?
GIACOMO: Andiamo in treno perché abbiamo pochi soldi. E tu, che fai?
SERGIO: Non vado da nessuna parte. Sto a casa e studio. Mercoledì do gli scritti di chimica.

Now the dialogue will be repeated with pauses for repetition.

B. Con che cosa vanno? Look at the drawings and tell how these people are getting about. Use the subjects you hear and the following places. Repeat the response.

ESEMPIO: *You see and read:* in Italia
You hear: Giulia
You say: Giulia va in Italia in aereo.

1. io / Io vado all'università in autobus.
2. i signori Gilli / I signori Gilli vanno a Roma in macchina.
3. Susanna / Susanna va a casa in bicicletta.
4. voi / Voi andate in centro a piedi.
5. noi / Noi andiamo a Firenze in treno.

C. Una persona curiosa. Rebecca is very curious about everything today. You will hear her questions twice. Answer according to the cues. Repeat the response.

ESEMPIO: *You hear:* Fai il letto tutti i giorni?
You read: sì
You say: Sì, faccio il letto tutti i giorni.

1. Fabrizio dà lezioni di tennis? / No, non dà lezioni di tennis.
2. Tu e i tuoi amici andate spesso al cinema? / Sì, andiamo spesso al cinema.
3. State sempre zitti in classe? / No, non stiamo sempre zitti in classe.
4. Fa caldo in estate in Italia? / Sì, fa caldo in estate in Italia.
5. Gli studenti fanno i compiti tutti i giorni? / Sì, fanno i compiti tutti i giorni.
6. Tu dai una festa domenica? / No, non do una festa domenica.

D. La vita degli studenti. Fabio and Laura have a tough week ahead of them. You will hear a dialogue about their week twice. The first time, listen carefully. The second time, write the missing verbs. Check your answers in the Answer Key.

Here is the dialogue.

LAURA: Ciao… come va?
FABIO: Così così. Ho gli orali di storia dell'arte domani, è un esame terribile! Sto a casa a studiare stasera.
LAURA: Dai altri esami questa settimana?
FABIO: Sì, mercoledì ho gli scritti di latino.
LAURA: Sei pronto?
FABIO: Sì, ma devo stare attento a non sbagliare i verbi. E tu, dai esami in questa sessione?
LAURA: Sì, do gli scritti di lingua e letteratura francese la settimana prossima. Sto a casa a studiare tutto il week-end. Il mio francese è così così, e gli scritti sono difficili, il dettato specialmente!
FABIO: Perché non andiamo a studiare insieme a casa mia? Io studio storia dell'arte e latino e tu prepari francese, va bene?

Now the dialogue will be repeated.

E. Qualche domanda anche per te... Answer the following questions orally about your life as a student.

1. E tu, studi per un esame scritto?
2. Per quale esame studi?
3. È un esame di solito facile o difficile?
4. Stai a casa a studiare stasera per l'esame?

C. Aggettivi possessivi

A. Per cominciare. You will hear a dialogue twice. The first time, listen carefully. The second time, Roberto's lines will be read with pauses for repetition.

Here is the dialogue.

GIANNI: Chi è il tuo professore preferito?
ROBERTO: Beh, veramente ho due professori preferiti: il professore di biologia e la professoressa d'italiano.
GIANNI: Perché?
ROBERTO: Il professore di biologia è molto famoso: i suoi libri sono usati nelle università americane. Anche la professoressa d'italiano è molto brava; apprezzo la sua pazienza e il suo senso dell'umorismo.

Now the dialogue will be repeated with pauses for repetition.

B. La mia professoressa preferita è... You will hear a continuation of the dialogue between Gianni and Roberto, followed by three questions. You will hear the dialogue twice. The first time, listen carefully. The second time, the part of Gianni will be read with pauses for repetition. Then answer the questions in writing. Check your answers in the Answer Key.

Here is the dialogue.

ROBERTO: E i tuoi professori come sono?
GIANNI: Io non sono imparziale, lo dico subito: ho solo un professore preferito, anzi, una professoressa, l'assistente di astronomia. Le sue lezioni sono sempre super-affascinanti...
ROBERTO: Mmmmmm... Che bella scelta! Non è forse la tua fidanzata questa assistente? Non insegna astronomia qui all'università?
GIANNI: Vero, vero, è proprio la mia fidanzata...

Now the dialogue will be repeated with pauses for repetition of Gianni's lines.

Here are the questions.

1. Chi è l'insegnante preferito di Gianni?
2. Che cosa è super-affascinante?
3. Perché Gianni non è imparziale nella sua scelta?

C. Dov'è? You're very absentminded today. Ask where your things are. Repeat the response.

ESEMPIO: *You hear:* libro
You say: Dov'è il mio libro?

1. penna / Dov'è la mia penna?
2. matite / Dove sono le mie matite?
3. caffè / Dov'è il mio caffè?
4. quaderno / Dov'è il mio quaderno?
5. fotografie / Dove sono le mie fotografie?

6. zaino / Dov'è il mio zaino?
7. bicchieri / Dove sono i miei bicchieri?
8. vino / Dov'è il mio vino?

D. Possessivi con termini di parentela

A. Per cominciare. You will hear a passage twice. The first time, listen carefully. The second time, it will be read with pauses for repetition.

Here is the passage.

Mi chiamo Carla. Ecco la mia famiglia. Io sono la ragazza bionda, bassa e un po' cicciotta. Mio padre è medico. Lavora all'ospedale in centro. Mia madre è infermiera e lavora con mio padre. Il mio fratellino si chiama Tonino. Lui è cattivo e antipatico. Non andiamo d'accordo. Noi abbiamo un cane. Il nostro cane si chiama Macchia perché è bianco e nero.

Now the passage will be repeated with pauses for repetition.

B. Un albero genealogico. You will hear a passage in which Riccardo describes his family. You will hear the passage three times. The first time, listen carefully. The second time, complete the family tree with the appropriate relative term and that relative's profession. The third time, check your answers. Check your completed information in the Answer Key. Then complete the statements, based on the passage. Scan the family tree illustration now.

Here is the passage.

Ciao, sono Riccardo. Sono di Napoli, ma abito con la mia famiglia a Roma. Nella mia famiglia siamo in quattro: io, mio fratello, mio padre e mia madre. Io e mio fratello siamo studenti di fisica, mio padre insegna matematica, mia madre chimica. Il fratello di mio padre è medico e mia zia, sua moglie, è professoressa di biologia. Mia madre ha due sorelle. Una sorella è sposata, l'altra no. Mia zia sposata è dentista, mia zia nubile è segretaria in una grande ditta. Il marito di mia zia è dentista come lei. I miei nonni, i genitori di mio padre e mia madre, abitano a Napoli.

Now the passage will be repeated.

Now complete the following statements both in writing and orally. Repeat the response. Then check your written answers in the Answer Key. The first one has been done for you.

1. Il suo fratellino è studente di fisica.
2. Suo padre insegna matematica.
3. Sua madre insegna chimica.
4. La moglie di suo zio è professoressa di biologia.
5. La sua zia nubile è segretaria.
6. I suoi zii sono dentisti.
7. Suo zio è medico.
8. I suoi nonni abitano a Napoli.

C. La mia famiglia. Riccardo is your guest at a family gathering. Point out your relatives to him. Repeat the response.

> ESEMPIO: *You read:* lo zio Giulio, professore
> *You say:* Ecco mio zio Giulio. Lui è professore.

1. Ecco le mie cugine Barbara e Daniela. Loro sono studentesse di medicina.
2. Ecco i miei nonni. Loro sono in pensione.
3. Ecco mio papà. Lui è medico.

4. Ecco mia zia Anna. Lei è dentista.
5. Ecco mio fratello. Lui è studente.
6. Ecco mio cugino Emanuele. Lui è architetto.

D. E il tuo albero genealogico? Answer the following six questions orally based on your own family tree.

1. Quante persone ci sono nella tua famiglia?
2. Cosa fanno i tuoi genitori?
3. Hai fratelli e sorelle?
4. Quanti anni hanno?
5. Dove abitano i tuoi genitori?
6. Come si chiamano i tuoi nonni?

E. Questo e quello

A. Per cominciare. You will hear a dialogue twice. The first time, listen carefully. The second time, the dialogue will be read with pauses for repetition.

Here is the dialogue.

MIRELLA: Quale compri, questo golf rosso o quel golf giallo e verde?
SARA: Compro quel golf giallo e verde. E tu, cosa compri? Questa maglietta blu è molto bella, ma è bella anche quella grigia.
MIRELLA: Non lo so. Tutt'e due sono belle.

Now the dialogue will be repeated with pauses for repetition.

B. Quale? Giacomo is unsure which people you're talking about. Answer the questions with the appropriate form of **quello.** Repeat the response.

ESEMPIO: *You hear:* Quale ragazza?
You say: Quella ragazza.

1. Quale bambino? / Quel bambino.
2. Quale studente? / Quello studente.
3. Quale amica? / Quell'amica.
4. Quale professoressa? / Quella professoressa.

5. Quali studenti? / Quegli studenti.
6. Quali signori? / Quei signori.
7. Quali amici? / Quegli amici.
8. Quali signore? / Quelle signore.

 # *Pronuncia: The sounds of the letter "g"*

As you learned in the **Capitolo preliminare,** the letter **g** represents two sounds in Italian: [g] as in the English word *go* and [ǧ] as in the English word *giant.*

A. G dura. The [g] sound occurs when **g** is followed directly by **a, o, u, h,** or most other consonants. Listen and repeat.

1. gatto
2. gondola
3. guidare

4. ghetto
5. grasso

B. *G* dolce. The [ğ] sound occurs when **g** is followed directly by **e** or **i**. Listen and repeat.

1. gennaio
2. giapponese
3. giorno

4. giurisprudenza
5. antropologia

C. *G* e doppia *g*. Contrast the pronunciation of the single and double **g** sounds in these pairs of words. Listen and repeat.

1. fuga / fugga
2. lego / leggo

3. agio / maggio
4. pagina / paggio

D. *Gl* e *gn*. The clusters **gl** and **gn** have special sounds. Most of the time, **gl** is pronounced like the *ll* in the English word *million*, while **gn** is similar in sound to the first *n* in the English word *onion*. Listen and repeat.

1. gli
2. sbagliato
3. foglio

4. meglio
5. gnocchi
6. spagnolo

7. ingegneria
8. gnomo

E. Parliamo italiano! You will hear each sentence twice. Listen and repeat.

1. Lo spagnolo e l'inglese sono due lingue.
2. È uno sbaglio tagliare l'aglio sulla tovaglia.
3. Ecco gli insegnanti di psicologia.
4. Gli ingegneri giapponesi arrivano in agosto.
5. Giugno e luglio sono due mesi meravigliosi.
6. Giovanna e Gabriella sono giovani.

 *Dialogo*

Prima parte. It's June and Mariella and Patrizia are studying for their graduation exams. They are on the phone when Stefano, Mariella's brother, arrives. Stefano is also a high school student, but he doesn't attend the same kind of high school.

Listen carefully to the dialogue.

MARIELLA: Oh, Patrizia, comincio ad avere paura di questo esame! Tra due giorni cominciano gli scritti e io non sono preparata!

PATRIZIA: Anch'io non sono pronta. Ho il terrore a pensare a lunedì, allo scritto d'italiano. Ripasso gli autori del Romanticismo, ma il mio vero problema è martedì, con lo scritto di matematica! Ho bisogno di ripassare trigonometria e di fare molti molti esercizi!

MARIELLA: Se hai voglia, stasera studiamo italiano insieme qui a casa mia e facciamo un po' di esercizi di matematica. La matematica è la mia materia preferita.

PATRIZIA: Perfetto! Porto i libri d'italiano di mia sorella, spiegano la letteratura molto bene.

MARIELLA: Ok, allora. Un momento, arriva mio fratello. Oh, com'è triste! Stefano, come va?

STEFANO: Male, va male! Preparo greco per gli scritti, ma è difficile ricordare i verbi greci!

PATRIZIA: Tuo fratello fa il Liceo Classico? Mamma mia, studia greco!

MARIELLA: Sì, è vero, ma noi allo Scientifico abbiamo matematica, non dimenticare! Abbiamo materie molto difficili anche noi! Stefano ha gli orali tra due settimane e anche latino da preparare.

PATRIZIA: Le interrogazioni orali non sono le mie favorite. Ho sempre paura di dimenticare tutto davanti ai professori.

MARIELLA: Allora, Patrizia, a casa mia stasera alle otto? Porti i libri di trigonometria e italiano, ok?

PATRIZIA: Ok! Per me va benissimo!

Seconda parte. Listen to the dialogue again. Pay particular attention to the school subjects discussed by the students and to their exam and study schedules.

Terza parte. You will hear six sentences based on the dialogue. You will hear each sentence twice. Circle **vero** if the statement is true and **falso** if false.

1. Oggi è sabato.
2. Martedì Patrizia e Mariella hanno l'esame di matematica.
3. Stefano ha gli orali di greco martedì.
4. Mariella e Patrizia studiano italiano e matematica per l'esame.
5. Stefano frequenta il Liceo Classico.
6. Patrizia non ha paura dell'esame orale.

Le risposte sono: 1. vero   2. vero   3. falso   4. vero   5. vero   6. falso

 # Ed ora ascoltiamo!

You will hear a description of Lisa. Listen carefully, as many times as you need to. Then you will hear six statements. Circle **vero** or **falso**.

Lisa è una studentessa di una grande università italiana, l'Università la Sapienza di Roma. Studia matematica. È una brava studentessa, frequenta le lezioni tutti i giorni e studia con passione. Il lunedì e il mercoledì sono giorni difficili per lei perché è all'università per molte ore. Gli altri giorni ha meno corsi e il pomeriggio sta a casa. La sera va spesso a casa di amici o al cinema, ma non oggi. Stasera c'è una conferenza all'università e Lisa ha deciso di andare. Poi torna subito a casa e va a letto. Domani va di nuovo all'università perché dà un esame e ha bisogno di arrivare presto. Non ha paura dell'esame perché studia sempre molto.

1. Lisa studia lettere.
2. Sta a casa di solito il pomeriggio.
3. Ha lezione all'università solo il lunedì, mercoledì e venerdì.
4. Lisa non ha amici perché studia sempre.
5. Stasera va al cinema.
6. Domani va all'università per una conferenza.

Le risposte sono: 1. falso   2. vero   3. falso   4. falso   5. falso   6. falso

 # Dettato

You will hear a brief dictation three times. The first time, listen carefully. The second time, the dictation will be read with pauses. Write what you hear. The third time, check what you have written. Write on the lines provided. Check your dictation in the Answer Key.

Mariella, Stefano e Patrizia, amici d'infanzia, ricordano il loro passato di studenti: quegli otto anni passati insieme, cinque alla scuola elementare e tre alla scuola media. Ed ora frequentano licei diversi. E sicuramente nel loro futuro le facoltà universitarie sono ancora diverse.

Sara in Italia

Sara is in Perugia, where her friend Priscilla (an Italian teacher in the United States) is taking a course at the Università per Stranieri during the summer. Sara calls Priscilla and invites her out.

Listen carefully, as many times as you need to. Then, answer the questions you hear. You will hear each question twice. Repeat the response.

SARA: Pronto? Priscilla?

PRISCILLA: Ciao, Sara, come stai?

SARA: Bene, grazie! Cosa fai stasera?

PRISCILLA: Studio italiano perché do un esame difficile domani, ho paura di dimenticare tutto.

SARA: Ma Priscilla, non ricordi? C'è un concerto jazz in Piazza Maggiore, perché non andiamo? Stare a casa quando ci sono questi concerti è un crimine!

PRISCILLA: Va bene, va bene… Sono stanca di studiare e memorizzare tecniche didattiche! Vuol dire che ripasso quando torno a casa, dopo il concerto. Ma se domani non faccio bene all'esame, spieghi tu perché alla professoressa!

SARA: Ok! «…Signora professoressa, per Priscilla la musica è più importante della didattica!»

PRISCILLA: Oh grazie, ma spero di non avere bisogno del tuo aiuto!

SARA: Se ricordo bene, il concerto comincia alle 9.

PRISCILLA: Andiamo a mangiare anche un gelato, prima del concerto?

SARA: Certo, a dopo, allora!

PRISCILLA: Aspetta! Non dimenticare di portare una felpa, fa fresco la sera a Perugia.

SARA: Ok, ciao!

Here are the questions.

1. Che cosa ha intenzione di fare Priscilla stasera?

   Hai intenzione di studiare per l'esame.

2. Dove vanno Sara e Priscilla stasera?

   Vanno a un concerto jazz in Piazza Maggiore.

3. Quando ripassa per l'esame Priscilla?

   Ripassa dopo il concerto, quando torna a casa.

4. A che ora comincia il concerto?

   Comincia alle nove.

5. Fa caldo a Perugia la sera in estate?

   No, fa fresco.

CAPITOLO 4

Forza, Azzurri!

 ## Vocabolario preliminare

A. Per cominciare. You will hear a dialogue twice. The first time, listen carefully. The second time it will be read with pauses for repetition.

Here is the dialogue.

LORENZO: Ciao, Rita! Ciao, Alessandro! Che cosa fate oggi?
ALESSANDRO: Vado a giocare a tennis con Marcello e poi a casa: c'è un bel film alla TV.
RITA: Io invece vado a fare l'aerobica con Valeria, poi abbiamo un appuntamento con Vittoria per studiare. C'è un esame di matematica domani!
ALESSANDRO: E tu, Lorenzo, che programmi hai?
LORENZO: Mah, oggi non ho voglia di fare niente…
RITA: Che novità, è il tuo passatempo preferito!

Now the dialogue will be repeated with pauses for repetition.

B. Cosa fanno? Look at the drawings and answer the questions about what the people are doing. Repeat the response.

ESEMPIO: *You see:*
You hear: Mauro fa l'aerobica o ascolta i Cd?
You say: Mauro ascolta i Cd.

1. Marta e Riccardo nuotano o giocano a tennis? / Marta e Riccardo giocano a tennis.
2. Nina guarda la televisione o corre? / Nina guarda la televisione.
3. Filippo passeggia o dipinge? / Filippo dipinge.
4. Arturo e Gabriele cucinano o viaggiano? / Arturo e Gabriele cucinano.
5. Elena e Luisa fanno esercizi di yoga o sciano? / Elena e Luisa sciano.
6. Laura suona la chitarra o dorme? / Laura dorme.

C. Cosa facciamo stasera? You will hear the following dialogue twice. The first time, listen carefully. The second time, write the missing words. Check your answers in the Answer Key.

Here is the dialogue.

PIERA: Romolo, cosa facciamo stasera?
ROMOLO: Mah, non lo so… Andiamo al cinema? O vediamo un film alla TV?
PIERA: No, non ho voglia di andare al cinema… E alla TV non danno mai niente d'interessante.
ROMOLO: E allora che vuoi fare? Perché non facciamo un giro a piedi, andiamo in centro e guardiamo le vetrine…
PIERA: Ma Romolo, nevica! Fa troppo freddo!
ROMOLO: Sì, nevica ma non tira vento, e cosa vuoi fare, passare l'inverno in casa?

PIERA: Ma no...

ROMOLO: Insomma, che vuoi fare? Un caffè, allora?

PIERA: No, niente caffè... sai, piuttosto, abbiamo proprio bisogno di pulire la casa...

ROMOLO: Eh, ora capisco! Qui no, là no, insomma, un modo elegante per dire che abbiamo bisogno di pulire la casa. E va bene, ma io faccio le camere da letto e la sala da pranzo, tu pulisci il bagno e la cucina!

In ascolto

Che fai adesso? What are Chiara and Stefania doing? Listen carefully and then answer the following questions.

STEFANIA: Ciao, Chiara! Perché corri?

CHIARA: Sono in ritardo per una lezione importante.

STEFANIA: Quale lezione?

CHIARA: Di nuoto. Devo prendere due autobus per arrivare in piscina. Ho fretta. E tu, che fai adesso?

STEFANIA: Niente di speciale. Vado a casa.

CHIARA: Perché non vieni in piscina con me? L'insegnante è bravo e divertente. E se hai bisogno di lezioni, non sono molto care.

Grammatica

A. Presente dei verbi in *-ere* e *-ire*

A. Per cominciare. You will hear a passage followed by three completion sentences. You will hear the passage twice. The first time, listen carefully. The second time it will be read with pauses for repetition. Then indicate the best completion to each sentence.

Here is the passage.

È una serata come tutte le altre in casa Bianchi: Franco e Sergio guardano la televisione, la mamma legge una rivista e papà legge il giornale (loro non guardano mai la televisione, preferiscono leggere). La nonna scrive una lettera ai parenti in America.

Now the passage will be repeated with pauses for repetition.

Here are the questions.

   1. La mamma...   2. Papà...   3. La nonna...

Le risposte sono: 1. b   2. b   3. a

B. E tu, cosa fai la sera? You will hear ten questions about your own evening activities. You will hear each question twice. Tell how often you do the given activity by checking the appropriate column: **sempre**, **spesso**, or **mai**.

1. Leggi un libro o delle riviste?
2. Vai in palestra?
3. Cucini?
4. Guardi la televisione?
5. Pulisci la casa?

6. Scrivi e-mail al computer?
7. Vai al cinema?
8. Fai i compiti per la scuola?
9. Esci con gli amici?
10. Vai a dormire presto?

C. Una serata a casa Magnani... You will hear a passage describing the evening activities at Francesco Magnani's house. You will hear the passage read twice. The first time, listen carefully. The second time, write notes on each person's evening activity. Then complete each statement orally, when you hear the name of the person. Repeat the response.

Here is the passage.

FRANCESCO: È una serata come tutte le altre a casa mia: la nonna, in cucina, guarda un film in TV, papà in salotto legge il giornale (lui non guarda mai la televisione, preferisce leggere) e la mamma è, come al solito a quest'ora, davanti al computer. Scrive ogni sera a mio zio, in America, e lui ogni mattina risponde puntuale. Io sono qui a osservare e a scrivere il mio diario, mentre i miei fratelli dipingono o disegnano: il loro passatempo preferito. Luigino dorme: ha solo due anni, corre sempre per la casa e la sera è stanco e va a letto presto.

Now the passage will be repeated.

Now complete the statements.

La nonna... / La nonna guarda un film.
La mamma... / La mamma scrive allo zio in America.
Papà... / Papà legge il giornale.
I fratelli... / I fratelli dipingono o disegnano.
Luigino... / Luigino dorme.
Francesco... / Francesco scrive il suo diario.

B. Dovere, potere e volere; dire, uscire, venire

A. Per cominciare. You will hear a dialogue three times. The first time, listen carefully. The second time, number the script that follows from 1 to 8. Number one has been done for you. The third time, check the order. Then check your answers in the Answer Key.

Here is the dialogue.

ANTONINO E GINO:	Volete andare al cinema stasera?
MARCELLA E TINA:	No, grazie, non possiamo. Dobbiamo pulire il frigo.
ANTONINO E GINO:	Beh, volete uscire domani sera?
MARCELLA E TINA:	No, non possiamo. Dobbiamo lavarci i capelli.
ANTONINO E GINO:	Allora volete fare qualcosa questo week-end?
MARCELLA E TINA:	No, non possiamo. Dobbiamo fare troppe cose.
ANTONINO E GINO:	Quando finite?
MARCELLA E TINA:	Mai!

B. Doveri. Francesco cannot believe that people ever skip fun activities because they have to study. Answer his questions using the appropriate forms of **non potere** and **dovere studiare**. Repeat the response.

ESEMPIO: *You hear and read:* Perché non andate a ballare?
You say: Non possiamo andare a ballare. Dobbiamo studiare.

1. Perché non guardi la televisione? / Non posso guardare la televisione. Devo studiare.
2. Perché non giocano a tennis? / Non possono giocare a tennis. Devono studiare.
3. Perché non va a nuotare? / Non può andare a nuotare. Deve studiare.
4. Perché non uscite con gli amici? / Non possiamo uscire con gli amici. Dobbiamo studiare.

C. Desideri. Tell what everyone wants for the holidays using the oral and written cues and the correct form of **volere**. Repeat the response.

> ESEMPIO: *You read:* gatto
> *You hear:* Marta e Sara
> *You say:* Marta e Sara vogliono un gatto.

1. Giulio / Giulio vuole una bicicletta.
2. tu / Tu vuoi una cravatta.
3. Clementina ed io / Clementina ed io vogliamo un Cd.
4. tu e lui / Tu e lui volete una chitarra.
5. i signori Lini / I signori Lini vogliono un orologio.
6. io / Io voglio un libro.

D. Desideri, bisogni, doveri e possibilità... Using the information you read and the verbs you hear, say what kind of activities the following people wish to, need to, must or can perform. Repeat the response.

> ESEMPIO: *You read:* Marco / suonare il piano / stasera
> *You hear:* volere
> *You say:* Marco vuole suonare il piano stasera.

1. volere / Io e Mirko vogliamo andare a teatro domani.
2. non potere / Luigi non può prendere lezioni di arti marziali questo semestre.
3. dovere / Io devo usare il computer oggi pomeriggio.
4. potere / Rosa e Amanda possono correre la maratona questo mese.
5. non volere / Paola e Riccardo non vogliono pulire la casa questo week-end.
6. non dovere / Tu non devi cucinare per tutti domani.

E. Grazie! You are teaching little Rebecca manners by pointing out to her who always says **grazie**. Answer her questions according to the cues. Repeat the response.

> ESEMPIO: *You hear:* E Rossella?
> *You say:* Rossella dice sempre «grazie!»

1. E la mamma e papà? / Mamma e Papà dicono sempre «grazie!»
2. E voi? / Noi diciamo sempre «grazie!»
3. E Letizia ed io? / Voi dite sempre «grazie!»
4. Ed io? / Tu dici sempre «grazie!»
5. E tu? / Io dico sempre «grazie!»

F. Quando? Say what night of the week you and your friends go out. Repeat the response.

> ESEMPIO: *You read:* il sabato
> *You hear:* noi
> *You say:* Noi usciamo il sabato.

1. Mara / Mara esce il lunedì.
2. tu / Tu esci la domenica.
3. le ragazze / Le ragazze escono il giovedì.
4. tu e Giorgio / Tu e Giorgio uscite il mercoledì.
5. io / Io esco il venerdì.

G. Anch'io! It's a beautiful day, and everyone's coming to Marco's picnic. Answer his questions as in the example. Repeat the response.

> ESEMPIO: *You hear:* E tu?
> *You say:* Vengo anch'io!

1. E Laura? / Viene anche lei!
2. E Patrizia ed io? / Venite anche voi!

3. E i ragazzi? / Vengono anche loro!
4. E voi due? / Veniamo anche noi!
5. Ed io? / Vieni anche tu!

C. Pronomi di oggetto diretto

A. Per cominciare. You will hear a dialogue followed by three questions. You will hear the dialogue twice. The first time, listen carefully. The second time, Clara's lines will be read with pauses for repetition. Then answer the questions. Repeat the response.

Here is the dialogue.

ANNAMARIA: Clara, in casa tua chi lava i piatti?
CLARA: Che domanda! Li lava Benny!
ANNAMARIA: E chi pulisce la casa?
CLARA: La pulisce Benny!
ANNAMARIA: E chi fa il letto ogni mattina?
CLARA: Lo fa Benny!
ANNAMARIA: E la cucina? E le altre faccende?
CLARA: Le fa Benny! Le fa Benny!
ANNAMARIA: Che marito adorabile! Come deve amarti Benny... E tu che fai tutto il giorno?
CLARA: Lavoro con i robot. Programmo Benny con il computer!

Now the dialogue will be repeated with pauses for repetition of Clara's lines.

Here are the questions.

1. Chi pulisce la casa di Clara? / La pulisce Benny.
2. Che tipo di lavoro fa Clara? / Lavora con i robot.
3. Chi è Benny? / Benny è un robot.

B. Clara dà una festa... You will hear a dialogue followed by four questions. You will hear the dialogue twice. The first time, listen carefully. The second time, Clara's lines will be read with pauses for repetition. Then answer the questions orally by selecting the appropriate response. Repeat the response.

Here is the dialogue.

ANNAMARIA: Mi inviti alla festa?
CLARA: Certo che ti invito!
ANNAMARIA: Inviti anche Marco?
CLARA: Certo che lo invito!
ANNAMARIA: E Maria?
CLARA: Certo che la invito!
ANNAMARIA: Compri le pizze e le bibite?
CLARA: Certo che le compro!
ANNAMARIA: Prepari panini per tutti?
CLARA: Certo che li preparo. Così mangiamo bene e passiamo una bella serata!

Now the dialogue will be repeated with pauses for repetition of Clara's lines.

Here are the questions.

1. Clara invita Annamaria? / Sì, la invita.
2. Clara invita Marco e Maria? / Sì, li invita.
3. Compra anche le pizze e le bibite? / Sì, le compra.
4. Compra anche il gelato per tutti? / No, non lo compra.

C. Una ricetta facile facile... Pasta alla carbonara! Your Italian roommate is teaching you to cook pasta carbonara. You will hear her say each line of the recipe carefully. Rephrase each sentence she says with the appropriate direct object pronoun. Repeat the response.

> ESEMPIO: *You hear and read:* Prendo tutti gli ingredienti e metto gli ingredienti qui.
> *You say:* Prendo tutti gli ingredienti e li metto qui.

1. Prendo l'acqua e metto l'acqua a bollire. / Prendo l'acqua e la metto a bollire.
2. Prendo il sale e metto il sale nell'acqua. / Prendo il sale e lo metto nell'acqua.
3. Prendo gli spaghetti e metto gli spaghetti nell'acqua. / Prendo gli spaghetti e li metto nell'acqua.
4. Prendo le uova e sbatto le uova. / Prendo le uova e le sbatto.
5. Prendo il pepe e la pancetta e mescolo il pepe e la pancetta con le uova. / Prendo il pepe e la pancetta e li mescolo con le uova.
6. Quando gli spaghetti sono al dente, scolo gli spaghetti. / Quando gli spaghetti sono al dente, li scolo.
7. Prendo la salsa e metto la salsa sugli spaghetti. / Prendo la salsa e la metto sugli spaghetti.
8. Servo la pasta e mangio subito la pasta. / Servo la pasta e la mangio subito.

D. L'ora

A. La giornata di Luca. You will hear a passage describing Luca's day. You will hear the passage twice. The first time, listen carefully. The second time, write the time that he does each activity. The first one has been done for you. Check your answers in the Answer Key.

Here is the passage.

Oggi Luca ha una giornata piena. Alle otto di mattina deve studiare per gli orali di fisica prima di andare al corso di chimica alle dieci e mezzo. Poi, a mezzogiorno meno un quarto, va al bar. Prende un caffè e chiacchierare con gli amici fino all'una quando tutti vanno a pranzare insieme alla mensa. Dopo pranzo, alle due e venti circa, Luca va in biblioteca a studiare fino alle quattro, quando va a giocare a calcio. Alle sette e mezzo, va a cenare con la sua ragazza Gabriella. Che bella giornata!

Now the passage will be repeated.

B. Che ore sono? Tell the time using the 12-hour clock and the appropriate time expression: **di mattina, del pomeriggio, di sera** or **di notte.** Repeat the response.

> ESEMPIO: *You see:*
> *You say:* Sono le otto meno dieci di mattina. *o* Sono le sette e cinquanta di mattina.

1. Sono le dieci e mezzo di sera. *o* Sono le dieci e trenta di sera.
2. È l'una del pomeriggio.
3. Sono le tre e venti del pomeriggio.
4. Sono le sette meno cinque di sera. *o* Sono le sei e cinquantacinque di sera.
5. È l'una e un quarto di notte. *o* È l'una e quindici di notte.
6. È mezzanotte.

C. Adesso tocca a te! You will hear six questions about your daily routine. You will hear each question twice. Answer according to the cues.

1. Dove sei alle otto di mattina?
2. A che ora fai colazione?
3. Dove sei a mezzogiorno?
4. A che ora vai in biblioteca di solito?
5. Quando vai a letto?
6. Dove sei all'una di notte?

Pronuncia: The combination "sc"

The combination **sc** represents two sounds: [sk] as in the English word *sky*, and [š] as in the English word *shy*.

A. Sc dura. The [sk] sound occurs when **sc** is followed directly by **a, o, u, h,** or another consonant. Listen and repeat.

1. scandalo
2. sconto
3. scusa
4. schema
5. scrive
6. tedeschi

B. Sc dolce. The [š] sound occurs when **sc** is followed directly by **e** or **i**. Listen and repeat.

1. scena
2. scelta
3. scendere
4. scienza
5. sciopero
6. prosciutto

C. Parliamo italiano! Listen and repeat.

1. Cos'è il «Gianni Schicchi»? È un'opera; io ho il Cd.
2. Tosca esce con uno scultore tedesco.
3. Perché non pulisci le scarpe?
4. Posso lasciare i pesci con il prosciutto?
5. Francesco preferisce sciare con questi sci.
6. «Capire fischi per fiaschi» significa capire una cosa per un'altra.

Dialogo

Prima parte. Alessandro, Rita, and Lorenzo are talking about where to go for their winter vacation.

Listen carefully to the dialogue.

ALESSANDRO: Allora, dove andiamo in montagna quest'anno? Sulle Dolomiti o in Valle d'Aosta?

RITA: Preferisco le Dolomiti, specialmente la zona di Moena e del passo di San Pellegrino, possiamo andare a sciare sul colle Margherita…

LORENZO: Io invece dico di andare in Valle d'Aosta, perché ho intenzione di fare delle passeggiate nella zona del Gran Paradiso, non di sciare ogni giorno.

ALESSANDRO: Io voglio anche fare della roccia se possibile.

RITA: E io lo sci di fondo! Le Dolomiti hanno delle belle foreste e lo sci di fondo è eccezionale tra gli alberi…

ALESSANDRO: Va bene, allora, quest'anno andiamo in Trentino. Tu che dici, Lorenzo? Dobbiamo trovare però un albergo con una palestra, perché quando non sciamo posso fare del sollevamento pesi…

RITA: …o io l'aerobica…

LORENZO: …e io invece penso di stare in camera a giocare con il computer! Il Trentino va bene anche per me. Mentre voi andate in palestra, io mi rilasso al caldo in albergo, dopo le mie passeggiate!

Seconda parte. Listen to the dialogue again. Pay particular attention to information describing what the three friends want to do on vacation and where they are thinking about doing these activities.

Terza parte. You will hear six sentences based on the dialogue. You will hear each sentence twice. Circle **vero** if the statement is true and **falso** if false.

1. Gli amici decidono di fare una vacanza sulle Dolomiti.
2. La Valle d'Aosta è una buona località secondo Rita per lo sci di fondo.
3. Tutti gli amici fanno lo sci di fondo.
4. Le attività che vogliono fare sono: sciare, fare lo sci di fondo, roccia e delle belle passeggiate.
5. Lorenzo preferisce stare sempre in albergo.
6. Alessandro e Rita sono tipi molto sportivi.

Le risposte sono: 1. vero 2. falso 3. falso 4. vero 5. falso 6. vero

 ## *Ed ora ascoltiamo!*

Vieni con me? You will hear a conversation between Patrizio and Graziella. Listen carefully as many times as you need to. Then you will hear five questions. Indicate the correct answer.

Here is the dialogue.

PATRIZIO: Ciao, Graziella! Vieni al cinema con me? C'è l'ultimo di Benigni all'Excelsior e voglio rivederlo.
GRAZIELLA: Oh, un nuovo film? Come si intitola?
PATRIZIO: Il film che c'è stasera è «La vita è bella», lo conosci?...
GRAZIELLA: Ah, sì, ma è un film di qualche anno fa!
PATRIZIO: Sì, lo so, ma devo scrivere una recensione... Devo scriverla per il mio corso di giornalismo. E poi è un bellissimo film, un modo molto singolare di raccontare l'Olocausto...
GRAZIELLA: Questa è la tua critica o quello che dicono i giornali?
PATRIZIO: A me è piaciuto molto e comunque lo voglio rivedere perché devo parlare della sceneggiatura. Ma anche i giornali dicono che è un buon film. Allora, vieni?
GRAZIELLA: A dire il vero, adesso non ho molto tempo libero. Per stasera, mah, se mi chiami più tardi vedo di essere libera... Vedi queste foto? Le vedi? Cosa pensi? Faccio un corso di fotografia e le preparo per una mostra, per questo sono occupata. E poi voglio vedere la videocassetta di un film di Gianni Amelio di qualche anno fa, «Il ladro di bambini».
PATRIZIO: OK allora, tu vieni al cinema con me e poi io ti aiuto con la tua mostra e guardiamo anche il film di Amelio, va bene?

Here are the questions.

1. Di chi è il film che vuole vedere Patrizio?
2. Qual è il titolo?
3. Che cosa prepara Graziella?
4. Cosa ha in programma Graziella per la sera?
5. Cosa fanno Graziella e Patrizio la sera?

Le risposte sono: 1. b 2. a 3. b 4. a 5. a

Dettato

You will hear a brief dictation three times. The first time, listen carefully. The second time, write what you hear. The third time, check what you have written. Write on the lines provided. Check your dictation in the Answer Key.

Giovanna e Rossana sono due ragazze di Milano. Frequentano l'Università Statale, facoltà di lettere e filosofia. Alessandra, invece, lavora: è architetto in uno studio del centro. La domenica le tre amiche stanno insieme: fanno gli esercizi di yoga, danno delle feste oppure vanno in campagna.

Sara in Italia

Sara is on a skiing vacation in the Dolomites, the mountains that are part of the Alps in the Northeast and separate Italy from Austria. Today she is in Bolzano, in Trentino-Alto Adige. She overhears two people talking, a little in German, a little in Italian, and she tries to chat with them.

Listen carefully, as many times as you need to. Then, answer the questions you hear. You will hear each question twice. Repeat the response.

SARA: Scusate, ragazzi, ma voi parlate italiano e tedesco?

RAINER: Sì, siamo bilingui. In questa regione è importante: anche la città ha due nomi, Bozen in tedesco e Bolzano in italiano. L'Alto Adige si chiama Süd Tyrol in tedesco. Prima del 1918, questa parte del territorio era austriaca, non italiana.

SARA: Qual è la lingua ufficiale allora?

INGA: La nostra regione, come la Valle d'Aosta, ha uno statuto speciale che riconosce due lingue. Infatti, gli studenti possono scegliere tra la scuola di lingua tedesca e quella di lingua italiana. Poi studiano o l'italiano o il tedesco come seconda lingua. È facile trovare delle persone perfettamente bilingui qui! Il bilinguismo funziona così anche in Valle d'Aosta, solo che lì c'è il francese, non il tedesco.

SARA: Ora capisco perché molti atleti italiani che sciano e vengono da questa regione hanno cognomi tedeschi!

Here are the questions.

1. Che lingue parlano i ragazzi?
2. Qual è la lingua ufficiale del Trentino?
3. Che lingua studiano gli studenti?
4. Quali sono le lingue della Valle d'Aosta?
5. Che cosa hanno molti atleti del Trentino Alto-Adige?

Parlano italiano e tedesco.
Ci sono due lingue ufficiali: l'italiano e il tedesco.
Studiano italiano e tedesco.
Sono l'italiano e il francese.
Hanno cognomi tedeschi.

CAPITOLO 5

Prendiamo un caffè?

 Vocabolario preliminare

A. Per cominciare. You will hear a dialogue twice. The first time, listen carefully. The second time, Andrea's lines will be read with pauses for repetition.

Here is the dialogue.

ANDREA: Silvia... cosa prendi?
SILVIA: Un cappuccino.
ANDREA: Non mangi? Non fare complimenti. Io mangio sempre!
SILVIA: No, di solito non faccio colazione la mattina.
ANDREA: Allora... un cappuccino, un caffè e... tre paste.
SILVIA: Tre paste? Hai proprio fame!
IL BARISTA: Desiderano?
ANDREA: Un cappuccino, un caffè e tre paste. Ecco lo scontrino.

Now the dialogue will be repeated with pauses for repetition of Andrea's lines.

B. E voi, cosa prendete di solito? You will hear three passages in which Bruna, Mario, and Rolando tell about their breakfast habits. You will hear the three passages twice. The first time, listen carefully. The second time, check the items that each one eats for breakfast. Listen to the audio for the answers. Scan the list of items now.

Here are the three passages.

BRUNA: Cosa prendo io quando vado al bar per fare colazione? Ma è ovvio, un cappuccino. L'espresso lo prendo solo dopo pranzo, la mattina non voglio un caffè forte... E poi, cosa?... Una brioche, una pasta, e certe volte anche un tramezzino se ho molta fame.
MARIO: Per me la colazione al bar è sempre uguale. Un caffè e un cornetto. La colazione all'americana con uova strapazzate, cereali, eccetera non è la colazione per me. Preferisco una o due cose, una colazione veloce. Qualche volta prendo anche un succo di frutta, ma di rado.
ROLANDO: La mattina ho sempre fame, anche al bar. Quindi faccio una bella colazione, con cappuccino, una brioche, una o due paste o un tramezzino o due. Se mangio tramezzini prendo anche una bibita in lattina, un'aranciata amara o una Coca-Cola.

Le risposte sono: BRUNA: cappuccino, brioche, pasta, tramezzino; MARIO: caffè, cornetto, succo di frutta; ROLANDO: cappuccino, brioche, pasta, tramezzino, bibita in lattina

C. I signori desiderano... ? You will hear Roberto and Giuditta place their orders with the waiter. Listen carefully and correct the statements that are false. Check your answers in the Answer Key.

Here is the dialogue.

ROBERTO: Cameriere, per favore!
CAMERIERE: I signori, desiderano?
GIUDITTA: Per me un'aranciata.
CAMERIERE: Fredda?
GIUDITTA: Sì, grazie. E un panino con prosciutto e formaggio.
ROBERTO: Per me un tè freddo al limone, se possibile con ghiaccio.
CAMERIERE: Nient'altro?
ROBERTO: Oh, un panino al prosciutto anche per me.
CAMERIERE: Porto subito i panini con le bevande.
ROBERTO: Anche il conto, per favore.

Here are the statements.

1. Giuditta prende una spremuta d'arancia.
2. Roberto prende un tè freddo con ghiaccio.
3. Roberto prende un panino al prosciutto e formaggio.
4. Giuditta prende un panino al prosciutto.

In ascolto

Al tavolino o no? Valentina and Giacomo can't seem to agree. Listen carefully and decide if each statement is true or false. Then, correct the false statements.

VALENTINA: Sono proprio stanca! Prendiamo qualcosa da bere?
GIACOMO: D'accordo. Dove vuoi andare?
VALENTINA: Mah, a un bar qui vicino o a un caffè. C'è il Gilli qui vicino, possiamo prendere un caffè o una bibita fredda e sedere a un tavolino.
GIACOMO: Il Gilli? Ma al tavolino costa troppo!
VALENTINA: Dai, sono stanca e ho bisogno di riposare. E poi voglio scrivere qualche cartolina.
GIACOMO: Ma non abbiamo tempo. L'appuntamento con Paola e Daniele è alle quattro.
VALENTINA: Sono solo le tre e un quarto. Per favore, andiamo!
GIACOMO: Vai al tavolino, se vuoi; io prendo un espresso al banco. Non voglio spendere una fortuna solo per un caffè!

Grammatica

A. Preposizioni articolate

A. Per cominciare. You will hear a passage about an Italian student, Silvia Tarrone, twice. The first time, listen carefully. The second time the passage will be read with pauses for repetition.

Here is the passage.

Tutte le mattine vado al bar alle otto. Faccio colazione in fretta, prendo un caffè al banco e poi prendo l'autobus delle otto e un quarto per l'università. Frequento i corsi e all'una mangio alla mensa universitaria con i miei amici. Dopo pranzo, andiamo al bar a prendere un caffè e poi andiamo a studiare in biblioteca. Verso le quattro ho voglia di uno spuntino. Vado al bar e di solito prendo un tè caldo. Metto del miele nel tè e mangio un tramezzino. Verso le cinque prendo l'autobus e torno a casa.

Now the passage will be repeated with pauses for repetition.

B. La routine giornaliera di Silvia Tarrone. You will hear Silvia describe her daily routine again. Write notes in the space provided after the questions. Then answer the questions orally. Repeat the response.

Here is the passage.

Tutte le mattine vado al bar alle otto. Faccio colazione in fretta. Prendo un espresso al banco e poi prendo l'autobus delle otto e un quarto per l'università. Frequento i corsi e all'una del pomeriggio mangio alla mensa universitaria con i miei amici. Dopo pranzo, andiamo al bar a prendere un caffè, e poi andiamo a studiare in biblioteca. Verso le quattro ho voglia di uno spuntino. Vado al bar e prendo un tè caldo, col miele. Mangio anche un tramezzino. Verso le cinque prendo l'autobus e torno a casa.

Here are the questions.

1. A che ora va al bar? / Alle otto.
2. Dove prende il caffè? / Al banco.
3. Quale autobus prende? / L'autobus delle otto e un quarto.
4. Quando va a mangiare? / All'una.
5. Dove mangia? / Alla mensa universitaria.
6. Dove va dopo pranzo? / Al bar.
7. Dove studia? / In biblioteca.
8. Come prende il tè caldo? / Con il miele.

C. Di chi è? You're helping Luciano get things in order after a big party. Help him match up people with belongings using the names you hear and the following information. Repeat the response.

> ESEMPIO: *You read:* il Cd
> *You hear:* la studentessa
> *You say:* il Cd della studentessa

1. mamma / la bicicletta della mamma
2. zio / il giornale dello zio
3. i signori Cairoli / la chiave dei signori Cairoli
4. studente / la chitarra dello studente
5. amici / i libri degli amici
6. bambina / la giacca della bambina

B. Passato prossimo con *avere*

A. Per cominciare. You will hear four sentences. You will hear each sentence twice. The first time, listen carefully. The second time, complete the sentences with the correct past participle from the box. Check your answers in the Answer Key.

1. Marcello ha bevuto un caffè.
2. Il barista ha preparato un caffè.
3. Marcello ha pagato alla cassa.
4. Marcello ha dato lo scontrino al barista.

B. Già fatto! Explain why some people aren't doing certain things. They already did them! Repeat the response.

> ESEMPIO: *You hear:* Perché non mangia Barbara?
> *You say:* Perché ha già mangiato.

1. Perché non studia Franco? / Perché ha già studiato.
2. Perché non dormite? / Perché abbiamo già dormito.
3. Perché non scrivi la lettera? / Perché ho già scritto la lettera.
4. Perché non bevono i ragazzi? / Perché hanno già bevuto.
5. Perché non legge il giornale il signore? / Perché ha già letto il giornale.
6. Perché non rispondi? / Perché ho già risposto.

C. Cosa hai fatto ieri? You will hear a dialogue between Tiziana and Sabrina twice. The first time, listen carefully. The second time, Sabrina's lines will be read with pauses for repetition.

Here is the dialogue.

TIZIANA: Cosa hai fatto ieri?

SABRINA: Più o meno le solite cose… Ho studiato per un esame d'italiano, ho fatto una pausa per mangiare, ho letto un articolo sul giornale, ho guardato la televisione per rilassarmi, ho scritto un saggio al computer, ho fatto la doccia dopo avere studiato e ho giocato a tennis con Luca.

Now the dialogue will be repeated with pauses for repetition of Sabrina's lines.

D. E tu, cosa hai fatto ieri? Now answer the following questions about what you did yesterday. Take notes on your responses in preparation for the summary statements. Then summarize in two sentences what you did and what you did not do.

1. Hai bevuto un cappuccino a colazione?
2. Hai fatto la doccia la mattina?
3. Hai studiato?
4. Hai letto un libro?
5. Hai scritto al computer?
6. Hai mangiato al ristorante?
7. Hai pulito la casa?
8. Hai fatto l'aerobica o degli esercizi fisici?

C. Passato prossimo con *essere*

A. Per cominciare. You will hear a dialogue twice. The first time, listen carefully. The second time it will be read with pauses for repetition.

Here is the dialogue.

MARIANNA: Sei andata al cinema ieri sera, Carla?

CARLA: Purtroppo no, Marianna. Gli altri sono andati al cinema; io sono stata a casa e ho studiato tutta la santa sera!

Now the dialogue will be repeated with pauses for repetition.

B. *Avere* o *essere*? Say who did the following things, according to the cues. Choose either **essere** or **avere** as an auxiliary to form the **passato prossimo**. Repeat the response.

ESEMPIO: *You hear:* Federica
You read: fare la spesa ieri sera
You say: Federica ha fatto la spesa.

1. tu e Giampiero / Tu e Giampiero siete andati al mare nelle Marche.
2. io e Fernando / Io e Fernando abbiamo fatto una passeggiata per Perugia.
3. Laura e Roberta / Laura e Roberta sono nate lo stesso giorno.
4. Giacomo e Giovanni / Giacomo e Giovanni hanno insegnato nello stesso liceo.
5. tu e Matteo / Tu e Matteo siete usciti presto di casa.
6. Chiara / Chiara è partita per New York.
7. Rossana e Fabrizio / Rossana e Fabrizio sono arrivati all'Isola d'Elba.
8. Tommaso e Annalisa / Tommaso e Annalisa hanno scritto una lettera a Anna.

C. Cosa ha fatto Silvia ieri? You already know Silvia Tarrone's daily routine. She probably did exactly the same things yesterday. Say what she did yesterday beginning with **Ieri... .** Repeat the response.

> ESEMPIO: *You hear and read:* Tutte le mattine vado al bar alle otto.
> *You say:* Ieri è andata al bar alle otto.

1. Faccio colazione in fretta: prendo un espresso al banco. / Ieri ha fatto colazione di fretta: ha preso un espresso al banco.
2. Poi prendo l'autobus delle otto e un quarto per l'università. / Ieri ha preso l'autobus delle otto e un quarto per l'università.
3. Frequento i corsi e all'una del pomeriggio mangio alla mensa universitaria con gli amici. / Ieri ha frequentato i corsi e all'una del pomeriggio ha mangiato alla mensa universitaria con gli amici.
4. Dopo mangiato, andiamo al bar a prendere un caffè. / Ieri, dopo mangiato, sono andati al bar a prendere un caffè.
5. Poi andiamo a studiare in biblioteca. / Ieri, sono andati a studiare in biblioteca.
6. Verso le quattro ho voglia di uno spuntino. / Ieri, verso le quattro, ha avuto voglia di uno spuntino.
7. Vado al bar e prendo un tè caldo, con il miele. Mangio anche un tramezzino. / Ieri è andata al bar e ha preso un tè caldo, con il miele. Ha mangiato anche un tramezzino.
8. Alle cinque prendo l'autobus e torno a casa. / Alle cinque ha preso l'autobus ed è tornata a casa.

D. Conoscere e sapere

A. Per cominciare. You will hear a dialogue followed by four statements. You will hear the dialogue twice. The first time, listen carefully. The second time, Antonio's lines will be read with pauses for repetition. Then circle **vero** if the statement is true or **falso** if it is false.

Here is the dialogue.

> LUIGI: Conosci Marco?
> ANTONIO: No, non lo conosco, ma so che suona il piano e che sa dipingere—è artista e musicista.
> LUIGI: Conosci Maria?
> ANTONIO: No, non la conosco, ma so che gioca bene a calcio e che sa giocare anche a football.
> LUIGI: Tu non conosci molta gente, vero?
> ANTONIO: No, questo è vero, ma so molte cose di molte persone!

Now the dialogue will be repeated for repetition of Antonio's lines.

Here are the statements.

1. Antonio conosce Marco.
2. Antonio sa che Marco è artista e musicista.
3. Antonio conosce Maria.
4. Antonio conosce molta gente.

Le risposte sono: 1. falso   2. vero   3. falso   4. falso

B. Certo che li conosco! A friend asks whether you know certain people. You reply that you know them well. Repeat the response.

> ESEMPIO: *You hear:* Conosci Vittoria?
> *You say:* Sì, la conosco bene!

1. Conosci Marcello? / Sì, lo conosco bene!
2. Conosci la signora Fermi? / Sì, la conosco bene!
3. Conosci le amiche di Vittoria? / Sì, le conosco bene!
4. Conosci il fidanzato di Vittoria? / Sì, lo conosco bene!
5. Conosci gli zii di Marco? / Sì, li conosco bene!
6. Conosci l'amica di Marco? / Sì, la conosco bene!

C. Ma che bravi! You and your friends have many talents. Look at the drawings and tell who knows how to do what, according to the cues. Repeat the response.

> ESEMPIO: *You see:*
> *You read:* ballare
> *You hear:* Piero e Anna
> *You say:* Piero e Anna sanno ballare il tango.

1. io / Io so fare il pane.
2. Chiara / Chiara sa andare in bicicletta.
3. voi / Voi sapete lavorare con i computer.
4. tu / Tu sai leggere il russo.
5. noi / Noi sappiamo suonare la chitarra.

Pronuncia: The combinations "qu" e "cu"

The combination **qu** represents the sound [kw] as in the English word *quick*. The combination **cu** followed by a vowel generally has this same sound. The pronoun **cui**, however, is one common exception to this rule.

A. *Qu e cu*. Practice the sound of **qu** and **cu**. Listen and repeat.

1. quasi
2. questo
3. qui
4. quota
5. cuore
6. cuoio
7. nacqui
8. piacque

B. Parliamo italiano! Listen and repeat the sentences.

1. Mia cugina ha comprato cinque quadri qui.
2. Sono quasi le quattro e un quarto.
3. La qualità di quest'acqua è cattiva.
4. Dove mangiamo di solito quelle quaglie squisite?

Dialogo

Prima parte. Daniele, Marco, and Alessandra are at a café for a break from work.

Listen carefully to the dialogue.

DANIELE: Oggi pago io! Marco, che cosa prendi?
MARCO: Oh, una birra, grazie. Ho già preso troppi caffè oggi.
DANIELE: E tu, Alessandra?
ALESSANDRA: Per me il solito espresso senza zucchero. E anche un'acqua minerale. Ho davvero sete dopo quel panino al salame che ho mangiato. E tu, che prendi?
DANIELE: Un cappuccino.
MARCO: Un cappuccino? A quest'ora? Non hai fatto colazione? Ma via, il cappuccino a mezzogiorno non puoi prenderlo!
DANIELE: Va bene, va bene, allora un caffè per me! Due caffè, uno senza zucchero, una birra e un'acqua minerale.
IL CASSIERE: Due caffè, una minerale e una birra in lattina.

DANIELE: Ecco lo scontrino.

IL BARISTA: Preparo subito i due caffè... A Lei la birra... Scusi, come vuole l'acqua, naturale o gassata?

ALESSANDRA: Naturale, grazie.

IL BARISTA: Del limone con l'acqua?

ALESSANDRA: Sì, grazie.

Seconda parte. Listen to the dialogue again. Pay particular attention to what Daniele, Marco, and Alessandra order to drink.

Terza parte. You will hear six sentences based on the dialogue. You will hear each sentence twice. Circle **vero** if the statement is true and **falso** if false.

1. Marco offre da bere agli amici.
2. Di solito Alessandra prende un cappuccino al bar.
3. Marco prende una birra.
4. Daniele prende un cappuccino.
5. Alessandra vuole anche un'acqua gassata.
6. Alessandra vuole del limone con l'acqua.

Le risposte sono: 1. falso   2. falso   3. vero   4. falso   5. falso   6. vero

Ed ora ascoltiamo!

You will hear three short conversations. Listen carefully as many times as you need to. Circle the place where each one is taking place.

Here are the conversations.

1. SIGNORA: Scusi, è sicuro della strada? Non sono mai passata da queste parti...
   TASSISTA: Non si preoccupi, faccio questo lavoro da vent'anni, non ho mai sbagliato strada!
2. CAMERIERE: Desiderano altro?
   CLIENTE A: Una bottiglia di acqua minerale, per favore.
   CLIENTE B: Prendiamo anche una bottiglia di vino rosso? Questa è quasi finita...
3. COLLEGA: A che ora è andato via il dottor Calamai?
   SEGRETARIA: È ancora qui. È dovuto rimanere per scrivere delle lettere. E deve ancora controllare gli appuntamenti di domani.
   COLLEGA: Benissimo. Aspetto. Ho bisogno di parlare con lui di un progetto di ricerca.

Le risposte sono: 1. a   2. a   3. a

Dettato

You will hear a brief dictation three times. The first time, listen carefully. The second time, the dictation will be read with pauses. Write what you hear. The third time, check what you have written. Write on the lines provided. Check your dictation in the Answer Key.

Oggi, al bar, non ho preso il solito caffè. Ho voluto solo un latte, semplice, caldo. Poi ho mangiato una brioche e ho bevuto anche una spremuta d'arancia. A dire il vero, il latte e il succo d'arancia non sono andati bene insieme e io sono stato male per il resto della mattina. Ho avuto mal di stomaco.

Sara in Italia

Sara traveled overnight on a Eurocity train and arrived in Naples today. She has come to see the city and Mt. Vesuvius, the volcano which destroyed Pompeii and Ercolano. But before she tours the city and its museums, she wants to eat. She goes to an old pizzeria to try the famous pizza from Naples. There she chats with the pizza chef, signor Vincenzo Fuschino.

Listen carefully, as many times as you need to. Answer the questions you hear. Repeat the response.

SARA: Signor Fuschino, anche gli americani mangiano la pizza, ma negli Stati Uniti è molto diversa. La mia pizza preferita è la Margherita. Perché ha questo nome?

PIZZAIOLO: Questa pizza è famosa perché è stata fatta per la regina Margherita nel 1889. In quell'anno il re e la regina hanno passato le vacanze a Napoli. La regina chiama il pizzaiolo più bravo di Napoli, Raffaele Esposito, per provare la pizza napoletana. Allora Esposito e la moglie preparano tre pizze, una con acciughe, capperi e pomodoro (che chiamiamo Napoletana), una con aglio e pomodoro e una con mozzarella, pomodoro e basilico, come i colori della bandiera italiana. La regina sceglie la pizza tricolore e il pizzaiolo dà a questa pizza il nome di Margherita.

SARA: E poi?

PIZZAIOLO: Poi… la Margherita è diventata popolare in tutto il mondo. Ha ingredienti semplici, tipici di una cucina povera, come l'Italia dell'800. Oggi invece le pizze sono troppo complicate, ci sono troppi ingredienti…

SARA: Però sono buone!

PIZZAIOLO: Sì, ma sono poco italiane! Le pizze tipiche italiane le possiamo riconoscere subito, per la loro semplicità.

SARA: Allora, signor Fuschino, una bella Margherita! Adesso ho proprio fame!

Here are the questions.

1. Quando è stata creata la pizza Margherita?
2. Che ingredienti ha la pizza Margherita?
3. Da dove viene il nome della pizza?
4. Che ingredienti ha la pizza napoletana?
5. Come sono le pizze oggi, secondo il signor Fuschino?

È stata creata nel milleottocento ottantanove.
Ha mozzarella, basilico e pomodoro.
Viene dalla Regina Margherita.
Ha acciughe, capperi e pomodoro.
Sono troppo complicate.

CAPITOLO 6

Pronto in tavola!

 ## Vocabolario preliminare

A. Per cominciare. Sentirai un dialogo due volte. La prima volta, ascolta attentamente. La seconda volta, il dialogo sarà ripetuto con pause per la ripetizione.

Ecco il dialogo.

IRENE: Che fame, Fabio! Sono già le sette e mezzo. Cosa facciamo per cena?
FABIO: Non lo so… E poi il frigo è quasi vuoto! Perché non andiamo fuori a mangiare?
IRENE: Buon'idea! Ti va una pizzeria? Ho proprio voglia di una pizza…
FABIO: Anch'io… o di un bel piatto di spaghetti! Invitiamo anche Marco e Alessandra?
IRENE: Se non hanno già cenato! Possiamo anche ordinare delle pizze a casa, fare solo un primo e invitare Marco e Alessandra qui!

Ora sentirai di nuovo il dialogo con pause per la ripetizione.

B. Che cosa preferisci? Sentirai un dialogo seguito da cinque domande. Sentirai il dialogo due volte. La prima volta, ascolta attentamente. La seconda volta, la parte di Irene sarà letta con pause per la ripetizione. Poi seleziona la risposta giusta.

Ecco il dialogo.

IRENE: Allora, cosa prendiamo?
FABIO: Per me, una pizza Margherita.
IRENE: Sono indecisa: una «Quattro Stagioni» o una «Napoli»?
FABIO: Non vuoi il primo?
IRENE: No, una pizza basta. No, aspetta, forse anche un piatto di lasagne… Allora prendo una «Napoli»… E poi voglio uscire a prendere un gelato!
FABIO: Mmmm, forse sei indecisa anche per quello… di quale hai voglia? Tanto lo so che non sai mai quale scegliere!
IRENE: Ma che dici! Lo voglio al cioccolato e alla fragola. No, aspetta, al limone e alla fragola… E tu, che gusto vuoi?
FABIO: Per me cioccolato e pistacchio. Nel cono. E tu?
IRENE: Io lo preferisco nella coppetta.
FABIO: Finalmente una decisione sicura!
IRENE: Ma anche il cono non è male…

Ora sentirai di nuovo il dialogo con pause per la ripetizione della parte di Irene.

Ecco le domande.

1. Che pizza prende Fabio?
2. Che pizza prende Irene?
3. Che gelato vuole Fabio?
4. Che gelato vuole Irene?
5. Chi vuole il gelato nella coppetta?

Le risposte sono: 1. a 2. b 3. a 4. b 5. b

C. C'è chi è a dieta e chi a dieta non è... Sentirai un dialogo due volte. La prima volta, ascolta attentamente. La seconda volta, completa il dialogo con le parole adeguate. Controlla le tue risposte con le soluzioni date in fondo al libro.

Ecco il dialogo.

MARISA: Che menu impressionante! Che cosa hai voglia di mangiare?
LUCIA: Per cominciare, un minestrone, e tu?
MARISA: Le lasagne al forno o gli gnocchi al pesto. Ma no, prendo una cosa semplice, gli spaghetti al pomodoro.
LUCIA: E poi?
MARISA: Una bella bistecca alla griglia, con patate fritte.
LUCIA: Io invece prendo il pesce e un'insalata.
MARISA: Anche il dolce?
LUCIA: No, non posso, sono a dieta.
MARISA: Davvero? Allora io prendo due porzioni di tiramisù... non sono a dieta, e posso mangiare anche la tua parte!

Ora sentirai di nuovo il dialogo.

In ascolto

In cucina. Lucia, Marco e Francesco, tre compagni di casa, discutono della cena. Completa il menu della serata e nota chi prepara ogni piatto.

LUCIA: Marco, che pensi di preparare per la cena di stasera?
MARCO: L'antipasto e il dolce: prosciutto e melone e una bella crostata di frutta fresca!
LUCIA: Perfetto! Io posso fare invece un primo, la pasta alla carbonara! O preferite invece gli spaghetti al ragù?
MARCO: Per me vanno bene gli spaghetti. E tu che dici, Francesco?
FRANCESCO: Anche per me. E io devo pensare al secondo. Va bene pollo arrosto con contorno di insalata mista?
MARCO: Benissimo. Allora cominciamo, ho proprio una gran fame!

 *Grammatica*

A. Pronomi di oggetto indiretto

A. Per cominciare. Sentirai un dialogo due volte. La prima volta, ascolta attentamente. La seconda volta, la parte di Elisabetta sarà letta con pause per la ripetizione.

Ecco il dialogo.

ALBERTO: Siamo quasi a Natale. Cosa regaliamo quest'anno alla nonna?
ELISABETTA: Semplice. Le regaliamo il dolce tradizionale, il panettone.
ALBERTO: Benissimo! E allo zio Augusto?
ELISABETTA: Perché non gli compriamo un libro di cucina? Cucinare è il suo hobby preferito.
ALBERTO: Buon'idea! E tu, cosa vuoi?
ELISABETTA: Puoi comprarmi una macchina per fare la pasta. Così ci facciamo delle belle tagliatelle!

Ora sentirai di nuovo il dialogo con pause per la ripetizione della parte di Elisabetta.

B. Quando? Di' che farai le seguenti azioni domani. Sostituisci con un pronome di oggetto indiretto il nome che nella frase ha uguale funzione. Ripeti la risposta.

ESEMPIO: *Leggi:* telefonare alla zia
Senti: Quando telefoni alla zia?
Dici: Le telefono domani.

1. Quando insegni italiano agli studenti? / Gli insegno italiano domani.
2. Quando dici «ti amo» al tuo fidanzato? / Gli dico «ti amo» domani.
3. Quando offri i cioccolatini ai bambini? / Gli offro i cioccolatini domani.
4. Quando prepari il regalo per tua cugina? / Le preparo il regalo domani.
5. Quando regali un libro al tuo papà? / Gli regalo un libro domani.
6. Quando rispondi a tua madre? / Le rispondo domani.

B. Accordo del participio passato nel passato prossimo

A. Per cominciare. Sentirai un dialogo due volte. La prima volta, ascolta attentamente. La seconda volta, la parte di Gino sarà letta con pause per la ripetizione.

Ecco il dialogo.

SARA: Stasera c'è la festa a sorpresa per Massimo. Vediamo se tutto è a posto. Hai apparecchiato la tavola?
GINO: Sì, l'ho apparecchiata.
SARA: Hai incartato i regali per Massimo?
GINO: Sì, li ho incartati.
SARA: Hai preparato gli antipasti?
GINO: Sì, li ho preparati.
SARA: Hai comprato tutto? Hai ricordato il primo e il secondo e la frutta?
GINO: Sì, ho comprato tutto. Ho ricordato tutto. Tutto è pronto. È già pronto da due giorni. Tutti gli amici sanno che devono arrivare alle sette in punto.
SARA: Un'ultima domanda. Hai invitato Massimo?
GINO: Oh, no!

Ora sentirai di nuovo il dialogo con pause per la ripetizione della parte di Gino.

B. Di chi o di che cosa parliamo? Ascolta la frase. Seleziona la risposta che si accorda con la vocale finale del participio passato. Poi componi la frase sostituendo al pronome l'oggetto di cui si parla. Ripeti la risposta.

> ESEMPIO: *Senti:* **L'**ho mangia**ta.**
>   *Leggi:* a. la mela b. il gelato c. le pizze
>   *Segni:*
>   *Senti:* a
>   *Dici:* Ho mangiato la mela.

1. Le ho viste. / a / Ho visto Anna e Nora.
2. L'ho visto. / a / Ho visto Paolo.
3. Li ho mangiati. / b / Ho mangiato il primo e il secondo.
4. L'ho fatta. / a / Ho fatto la doccia.
5. L'ho scritta. / c / Ho scritto una lettera.
6. Le ho comprate. / b / Ho comprato le bici.
7. Li ho letti. / a / Ho letto i giornali.
8. L'ho dimenticato. / c / Ho dimenticato il libro.

C. Piacere

A. Per cominciare. Sentirai un brano due volte. La prima volta, ascolta bene. La seconda volta, completa il brano con le parole che mancano. Controlla le tue risposte con le soluzioni date in fondo al libro.

Ecco il brano.

Gianni è avvocato. Lavora tutto il giorno e mangia spesso in buoni ristoranti con i clienti. Gli piace il vino italiano, come antipasto gli piacciono i crostini, ma non gli piacciono i salumi. Dopo cena, gli piace fumare una sigaretta. Nel week-end, quando non deve lavorare, gli piace stare a casa, leggere dei libri e ascoltare musica.

Gianna è artista e musicista. Ha gusti semplici. La mattina le piace bere un caffellatte e mangiare una brioche. Le piacciono molto i panini al prosciutto. Quando va in un ristorante, le piace ordinare solamente un primo e un bicchiere di vino. La sera le piace dipingere e suonare il piano, ma nel week-end è molto attiva. Le piace giocare a tennis, scalare montagne e pattinare.

Ora sentirai di nuovo il brano.

B. Gli piace? Guarda i disegni e di' se alla gente piacciono o non piacciono i cibi. Ripeti la risposta.

> ESEMPIO: *Vedi:*
>   *Senti:* A Giulio piacciono le patatine?
>   *Dici:* Sì, gli piacciono.

1. A Laura piacciono le olive? / No, non le piacciono.
2. Ci piace il pesce? / No, non vi piace.
3. Mi piacciono le lasagne? / Sì, ti piacciono.
4. Ai bambini piacciono i crostini? / No, non gli piacciono.
5. Ai signori Costa piace il risotto? / Sì, gli piace.

D. Interrogativi

A. Per cominciare. Sentirai un dialogo seguito da tre domande. Sentirai il dialogo due volte. La prima volta, ascolta attentamente. La seconda volta, la parte di Lidia sarà letta con pause per la ripetizione. Poi seleziona la risposta giusta.

Ecco il dialogo.

LIDIA: Chi è?
LORENZO: Sono Lorenzo.
LIDIA: Cosa vuoi?
LORENZO: Ti voglio parlare.
LIDIA: Perché?
LORENZO: Perché voglio parlare dell'altra sera.
LIDIA: Non voglio parlarti ora.
LORENZO: Quando posso ritornare?
LIDIA: Ritorna fra mezz'ora.

Ora sentirai di nuovo il dialogo con pause per la ripetizione della parte di Lidia.

Ecco le domande.

1. Chi viene?
2. Cosa vuole Lorenzo?
3. Quando può tornare Lorenzo?

Le risposte sono: 1. a   2. a   3. b

B. Roberto l'affascinante. Hai tante domande da fare riguardo al nuovo studente, Roberto. Fai le domande appropriate alle risposte che senti. Ripeti la risposta.

> ESEMPIO: *Senti:* Roberto è simpatico.
> *Dici:* Com'è Roberto?

1. Roberto arriva domani. / Quando arriva Roberto?
2. Roberto va a Bologna. / Dove va Roberto?
3. Roberto sta molto bene. / Come sta Roberto?
4. Storia dell'arte è la materia preferita di Roberto. / Qual è la materia preferita di Roberto?
5. Roberto studia con Gabriele. / Con chi studia Roberto?
6. Roberto ha due gatti. / Quanti gatti ha Roberto?

C. Jeopardy culinaria. Fai la domanda giusta per ogni risposta. Usa l'interrogativo dato tra parentesi. Ripeti la risposta.

> ESEMPIO: *Senti e leggi:* È un formaggio dolce che è usato con la pizza. Cos'è... ?
> *Dici:* Cos'è la mozzarella?

1. È una bevanda alcoolica, che gli italiani bevono molto. / Cos'è il vino?
2. Il significato di questa parola è *pick me up* o *lift me up*. / Qual è il significato di «tiramisù»?
3. È della città di Parma. / Di dov'è il formaggio parmigiano?
4. Li ha portati in Italia Cristoforo Colombo. / Chi ha portato i pomodori in Italia?
5. Pasta, uova, pepe, parmigiano, pancetta: questi sono gli ingredienti. / Quali sono gli ingredienti della pasta alla carbonara?
6. I piatti sono di solito tre: primo, secondo, dolce. / Quanti piatti ci sono in un pasto italiano?
7. Lo mangiamo prima del primo. / Quando mangiamo l'antipasto?

Pronuncia: The sounds of the letter "z"

The letter **z** represents two sounds: [ć] as in the English word *bats* and [ź] as in the English word *pads*.

A. Z sonora. At the beginning of a word, **z** is usually pronounced as [ź], although this varies from region to region. Listen and repeat.

1. zampa
2. zero
3. zitto
4. zona
5. zucchero

B. Z sonora e z sorda. In the middle of words, **z** can have either the [ź] or the [ć] sound. The [ć] sound occurs frequently following **l** and **n**. Listen and repeat.

1. azalea
2. pranzo
3. zanzara
4. alzare
5. differenza
6. Lazio

C. Parliamo italiano! Listen and repeat.

1. Sai che differenza c'è tra colazione e pranzo?
2. Alla stazione di Venezia vendono pizze senza mozzarella.
3. Conosci molte ragazze con gli occhi azzurri?
4. A mezzogiorno ho lezione di zoologia.
5. C'è un negozio di calzature in Piazza Indipendenza.

Dialogo

Prima parte. Irene e Fabio aspettano Marco e Alessandra a cena e, mentre aspettano, preparano l'ultimo piatto, il dolce.

Ascolta attentamente il dialogo.

IRENE: Allora, Fabio, hai apparecchiato la tavola?

FABIO: Sì, ho già preparato tutto, la tavola è pronta, c'è il primo nel forno, gli antipasti sono in frigorifero e la bistecca è sulla griglia, ma dobbiamo aspettare Marco e Alessandra prima di cominciare a cucinarla…

IRENE: Ma il dolce? Non hai comprato il tiramisù?

FABIO: No, ho pensato di prepararlo qui con te, è un dolce veloce da fare.

IRENE: Allora, di che cosa abbiamo bisogno?

FABIO: Prendi i biscotti savoiardi, lì, sul tavolo di cucina, poi dal frigorifero prendi otto uova, due per persona e anche il mascarpone… cos'altro? Ah, lo zucchero e…

IRENE: Ho visto che c'è del caffè in cucina…

FABIO: Sì, abbiamo bisogno del caffè. Allora, prendiamo i biscotti, li bagniamo nel caffè e li mettiamo, uno accanto all'altro, in un recipiente. Poi mescoliamo le uova, lo zucchero e il mascarpone, così per fare una crema. E mettiamo questa crema sullo strato di biscotti. Bagniamo altri biscotti e…

IRENE: Ho capito, facciamo uno strato di biscotti bagnati con il caffè e poi uno strato di crema, ancora uno strato di biscotti, ancora uno di crema… e così via.

FABIO: Perfetto! Poi, mettiamo il recipiente in frigorifero, per un paio d'ore, così diventa freddo. Non credo di avere dimenticato niente!

Seconda parte. Ascolta di nuovo il dialogo. Fai particolare attenzione agli ingredienti e all'ordine della preparazione della ricetta.

Terza parte. Sentirai due volte sei frasi basate sul dialogo. Segna, per ciascuna frase, **vero** o **falso**.

1. Gli ingredienti del tiramisù sono: formaggio, zucchero, caffè, uova, biscotti e cioccolato.
2. Fabio e Irene usano quattro uova per persona.
3. Il mascarpone è un tipo di caffè.
4. I biscotti savoiardi sono bagnati nel caffè.
5. Biscotti e crema sono alternati in strati.
6. È necessario mettere il dolce nel frigorifero prima di mangiarlo.

Le risposte sono: 1. vero 2. falso 3. falso 4. vero 5. vero 6. vero

 # Ed ora ascoltiamo!

Che cena! Sentirai un discorso tra Laura e Danilo. Puoi ascoltare il dialogo quante volte vuoi. Poi sentirai cinque frasi due volte. Segna **vero** o **falso**.

Ecco il dialogo.

LAURA: Pronto!
DANILO: Ciao, Laura! Sono Danilo. Senti, sai che studio per diventare chef. Devo preparare un menu completo per un esame alla scuola alberghiera. Puoi venire a casa mia venerdì sera prima dell'esame? Voglio preparare tutti i piatti almeno un'altra volta prima di sabato.
LAURA: Sono proprio fortunata! Che cosa devi preparare?
DANILO: Per antipasto i crostini. Poi gli gnocchi alla romana per primo, un arrosto di vitello per secondo, tre contorni di verdure miste e per dolce un tiramisù.
LAURA: Grazie per l'invito, l'accetto con piacere. Porto una bottiglia di vino bianco ed una di vino rosso.

Ecco le frasi.

1. Danilo prepara una cena come preparazione a un esame.
2. L'appuntamento con Danilo è sabato.
3. Danilo prepara l'arrosto di vitello per secondo.
4. Come dessert Danilo prepara un tiramisù.
5. Laura porta due bottiglie di acqua minerale.

Le risposte sono: 1. vero 2. falso 3. vero 4. vero 5. falso

 # Dettato

Sentirai un breve dettato tre volte. La prima volta ascolta attentamente. La seconda volta, il dettato sarà letto con pause tra le frasi. Scrivi quello che senti. La terza volta, correggi quello che hai scritto. Scrivi sulle righe date. Controlla il tuo dettato con le soluzioni date in fondo al libro.

Danilo ha cucinato la cena di compleanno per sua sorella Valentina. Danilo è l'esperto di cucina della famiglia e, naturalmente, conosce anche i vini. Per Valentina, invece, i vini sono tutti uguali. Danilo spiega a Valentina che i vini rossi devono accompagnare le carni mentre quelli bianchi sono adatti per il pesce o per le carni bianche.

Sara in Italia

Sara è sul treno locale che da Bologna va a Rimini, una città della costa adriatica, famosa in tutta Europa per le spiagge, il mare e i divertimenti. Sara ha visitato Parma e Bologna con il suo amico Massimiliano, uno studente universitario bolognese ed è stata al ristorante.

Ascolta attentamente il dialogo. Ascolta il dialogo quante volte vuoi. Poi, rispondi alle domande che senti. Sentirai ogni domanda due volte. Ripeti la risposta.

MASSIMILIANO: Allora, che pensi della cucina emiliana? Ho visto che hai mangiato tutto… !

SARA: Certo che ho mangiato tutto! Come posso dire di no ai tortellini al ragù o alle lasagne alla bolognese? Guarda che queste sono diversissime da quelle con la ricotta che mangio negli Stati Uniti.

MASSIMILANO: Ah, è perché quella che mangi negli Stati Uniti è una variante del Sud, quelle alla bolognese hanno invece la besciamella…

SARA: Cioè la salsa bianca?

MASSIMILIANO: Sì, la salsa a base di farina, latte, burro e con un pizzico di noce moscata.

SARA: Adesso so anche che a Parma si fanno un famoso prosciutto e il formaggio parmigiano. Ma sai la differenza che c'è tra prosciutto di Parma e San Daniele, che vedo nei negozi?

MASSIMILIANO: Sono due tipi di prosciutto dolce, ma il Parma è meno dolce del San Daniele, che viene dal Friuli: e sono il risultato di due modi diversi di preparazione. E devi anche sapere che il formaggio più pregiato è il «parmigiano-reggiano», prodotto nella zona di Parma e Reggio Emilia, non il «grana-padano».

SARA: Bene, appena siamo a Rimini, per cena voglio provare tutt'e due i formaggi e sentire la differenza!

Ecco le domande.

1. Quale ingrediente hanno di solito le lasagne negli Stati Uniti che non è tipico delle lasagne bolognesi?

   Hanno la ricotta.

2. Che cos'è la besciamella?

   È un tipo di salsa.

3. Qual è il prosciutto emiliano tipico?

   È il prosciutto di Parma.

4. Che tipo di prosciutto è il prosciutto San Daniele?

   È un prosciutto particolarmente dolce.

5. Quali formaggi vuole mangiare Sara a cena?

   Vuole mangiare parmigiano reggiano e grana padano.

CAPITOLO 7

Mi sveglio alle 8.oo

 ## *Vocabolario preliminare*

A. Per cominciare. Sentirai un dialogo due volte. La prima volta, ascolta attentamente. La seconda volta, il dialogo sarà ripetuto con pause per la ripetizione.

Ecco il dialogo.

NICOLA: Finalmente domenica! La vita di tutti i giorni è così stressante! Uscire di casa, andare al lavoro, andare qua e là, essere attivi, mai un minuto per stare a casa e rilassarsi...

SIMONE: Ma la domenica che fai a casa? Dormi?

NICOLA: Dalle otto alle dieci curo il giardino, poi lavo la macchina, a mezzogiorno cucino e poi pranzo, per due ore pulisco la casa, poi guardo lo sport in televisione, poi ascolto la musica mentre faccio l'aerobica, poi...

SIMONE: Questa non è una giornata di lavoro, secondo te?!

Ora sentirai di nuovo il dialogo con pause per la ripetizione.

B. Giulia e la bella figura. Giulia vuole fare bella figura quando esce stasera. Sentirai un brano due volte. La prima volta, ascolta attentamente. La seconda volta, completa il brano con le parole che mancano. Controlla le tue risposte con le soluzioni date in fondo al libro.

Ecco il brano.

Giulia stasera esce e vuole farsi bella. Dopo una giornata di lavoro e studio, ha bisogno di rilassarsi, allora decide di fare il bagno e di lavarsi i capelli. Ma prima di fare il bagno, fa il bucato e poi stira dei vestiti. Dopo il bagno, si asciuga, si pettina, si guarda allo specchio e si trucca un po' gli occhi. Si mette il rossetto e infine le lenti a contatto. È quasi pronta. Si mette uno dei suoi vestiti da sera. Si mette un po' di profumo e alla fine è pronta veramente per uscire.

Ora sentirai di nuovo il brano.

C. L'abbigliamento. Identifica ogni capo nel disegno. Comincia la frase con **È...** o **Sono...** . Ripeti la risposta.

> ESEMPIO: *Senti:* 1
> *Dici:* È una maglia.

2. È una cravatta.
3. È una camicia.
4. È un bottone.
5. È una giacca.
6. È una cintura.
7. Sono calzini.
8. Sono scarpe.

In ascolto

Che mi metto stasera? Luisa è una persona che non è mai soddisfatta. Stasera si lamenta dei suoi vestiti. Ascolta con attenzione la sua conversazione con un'amica e poi rispondi alle domande seguenti.

LUISA: Oh, Roberta, non posso uscire stasera! Non ho niente, proprio niente, da mettermi!

ROBERTA: Non hai comprato un vestito nuovo ieri?

LUISA: Sì, ho comprato un vestito nuovo, ma non ho le scarpe per il vestito...

ROBERTA: E le scarpe che hai comprato due giorni fa? Sei andata a comprare il vestito perché avevi solo le scarpe!

LUISA: Non mi piacciono più! E poi non ho una camicia e una cintura che vanno bene con le scarpe e il vestito!

 *Grammatica*

A. Verbi riflessivi

A. Per cominciare. Sentirai un dialogo due volte. La prima volta, ascolta attentamente. La seconda volta, il dialogo sarà ripetuto con pause per la ripetizione.

Ecco il dialogo.

SIGNORA ROSSI: Nino è un ragazzo pigro: ogni mattina si sveglia tardi e non ha tempo di lavarsi e fare colazione. Si alza presto solo la domenica per andare in palestra a giocare a pallone.

SIGNORA VERDI: Ho capito: a scuola si annoia e in palestra si diverte.

Ora sentirai di nuovo il dialogo con pause per la ripetizione.

B. Abitudini. Di' che le seguenti persone hanno le stesse abitudini tue. Ripeti la risposta.

> ESEMPIO: *Leggi:* Mi lavo i denti spesso.
> *Senti:* Cinzia
> *Dici:* Anche lei si lava i denti spesso.

1. Ilio e Diana / Anche loro si alzano subito la mattina.
2. Raffaele / Anche lui si sveglia presto.
3. Giuseppina e Immacolata / Anche loro si lavano con l'acqua fredda.
4. Simonetta / Anche lei si veste in fretta.

C. Che giornata! Sentirai un dialogo tra Franca e Gino in cui discutono della loro giornata stressante. Sentirai il dialogo due volte. La prima volta, ascolta attentamente. La seconda volta, prendi appunti su Franca e Gino. Poi sentirai quattro domande e dovrai scegliere la risposta giusta. Leggi le risposte date prima di ascoltare il dialogo.

Ecco il dialogo.

FRANCA: Che giornata oggi! Mi sono svegliata in ritardo e mi sono lavata e vestita in mezz'ora... Non mi sono neanche messa un po' di rossetto. E non ho avuto il tempo di fare colazione! Poi sono corsa a prendere l'autobus!

GINO: Anch'io mi sono alzato in ritardo. In questi giorni mi stanco spesso, dormo poco, sono davvero stressato, mi arrabbio con i colleghi. E oggi in ufficio mi sono quasi addormentato! Senza il caffè non posso proprio andare avanti.

FRANCA: Ho lo stesso problema, ma oggi quando sono arrivata mi sono ricordata di telefonare al bar vicino all'ufficio, per un cappuccino e due paste. E durante il pranzo, mi sono rilassata al parco... ma stasera vado a letto alle nove. Domani voglio alzarmi presto!

Ora sentirai di nuovo il dialogo.

Ecco le domande.

1. Che cosa ha fatto Franca di mattina, quando si è svegliata?
2. E Gino? Come si sente in questi giorni?
3. Che cosa è successo a Gino in ufficio oggi?
4. Che programmi ha Franca per la serata?

Le risposte sono: 1. a   2. b   3. b   4. b

D. E tu, cosa hai fatto stamattina? Racconta come ti sei preparato/preparata stamattina, secondo i suggerimenti.

1. Mi sono alzato/alzata alle...
2. Mi sono lavato/lavata con l'acqua...
3. Mi sono messo/messa...
4. (Non) Mi sono fatto la barba... / (Non) Mi sono truccata...
5. (Non) Mi sono fermato/fermata al bar a fare colazione.

B. Costruzione reciproca

A. Per cominciare. Sentirai un brano due volte. La prima volta, ascolta attentamente. La seconda volta, completa il brano con le parole che mancano. Controlla le tue risposte con le soluzioni date in fondo al libro.

Ecco il brano.

Giulio e Anna si conoscono molto bene—sono amici di infanzia. Si vedono tutti i giorni a scuola e tutte le sere si parlano al telefono. Discutono sempre dei loro problemi perché si capiscono benissimo. Secondo te, hanno intenzione di sposarsi un giorno? Perché sì/no?

Ora sentirai di nuovo il brano.

B. Davide e Serena. Davide e Serena sono proprio una bella coppia. Guarda i disegni e di' cosa fanno, secondo i suggerimenti. Ripeti la risposta.

ESEMPIO: *Vedi:*
           Senti: guardarsi
           Dici: Davide e Serena si guardano.

1. scriversi / Davide e Serena si scrivono.
2. telefonarsi / Davide e Serena si telefonano.
3. farsi regali / Davide e Serena si fanno regali.
4. baciarsi / Davide e Serena si baciano.
5. salutarsi / Davide e Serena si salutano.

C. Presente + *da* + espressioni di tempo

A. Per cominciare. Sentirai un brano due volte. La prima volta, ascolta attentamente. La seconda volta il brano sarà ripetuto con pause per la ripetizione.

Ecco il brano.

RICCARDO: Ho un appuntamento con Paolo a mezzogiorno in piazza. Vogliamo andare a mangiare insieme. Io arrivo puntuale ma lui non c'è. Aspetto e aspetto, ma lui non viene. Finalmente, dopo un'ora, Paolo arriva e domanda: «Aspetti da molto tempo?» E io rispondo: «No, aspetto solo da un'ora!»

Ora sentirai di nuovo il brano con le pause per la ripetizione.

B. Attività. Di' da quanto tempo tu ed i tuoi amici partecipate alle seguenti attività. Usa le espressioni di tempo suggerite. Ripeti la risposta.

> ESEMPIO: *Senti:* Da quanto tempo disegni?
> *Leggi:* molto tempo
> *Dici:* Disegno da molto tempo.

1. Da quanto tempo studi l'italiano? / Studio l'italiano da un mese.
2. Da quanto tempo fate l'aerobica? / Facciamo l'aerobica da tre settimane.
3. Da quanto tempo nuota Giorgio? / Giorgio nuota da cinque anni.
4. Da quanto tempo sciano Gina e Lisa? / Gina e Lisa sciano da un anno.
5. Da quanto tempo guidi la macchina? / Guido la macchina da tre anni.

C. Caro professore, cara professoressa. Chiedi al tuo insegnante d'italiano da quanto tempo fa le seguenti cose. Ripeti la risposta.

> ESEMPIO: *Senti:* insegnare italiano
> *Dici:* Da quanto tempo insegna italiano?

1. guidare la macchina / Da quanto tempo guida la macchina?
2. abitare in questa città / Da quanto tempo abita in questa città?
3. ascoltare la musica / Da quanto tempo ascolta la musica?
4. bere il caffè / Da quanto tempo beve il caffè?
5. uscire di sera / Da quanto tempo esce di sera?

D. Avverbi

A. Per cominciare. Sentirai un brano seguito da tre domande. Sentirai il brano due volte. La prima volta, ascolta attentamente. La seconda volta, il brano sarà ripetuto con pause per la ripetizione. Scegli poi le risposte giuste alle domande che senti.

Ecco il brano.

Sandro gioca molto bene a tennis. Gioca regolarmente ed è sempre pronto per una partita quando gli amici lo invitano.

Felice gioca male a golf. Va raramente a giocare e fa poca pratica.

Ora sentirai di nuovo il brano con le pause per la ripetizione.

Ecco le domande.

1. Chi gioca molto bene a tennis?
2. Come gioca a golf Felice?
3. Chi va raramente a giocare?

Le risposte sono 1. b 2. b 3. a

B. Veramente. Cambia i seguenti aggettivi in avverbi. Ripeti la risposta.

> ESEMPIO: *Senti:* vero
> *Dici:* veramente

1. fortunato / fortunatamente
2. tranquillo / tranquillamente
3. probabile / probabilmente
4. originale / originalmente
5. intelligente / intelligentemente
6. regolare / regolarmente

C. Gli italiani. Tutti i tuoi amici vogliono sapere come sono gli italiani. Rispondi alle loro domande, secondo i suggerimenti. Ripeti la risposta.

> ESEMPIO: *Senti:* Come parlano gli italiani?
> *Leggi:* veloce
> *Dici:* Parlano velocemente.

1. Come si vestono gli italiani? / Si vestono elegantemente.
2. Come camminano gli italiani? / Camminano rapidamente.
3. Come mangiano gli italiani? / Mangiano abbondantemente.
4. Come si divertono gli italiani? / Si divertono facilmente.
5. Come rispondono gli italiani? / Rispondono gentilmente.

E. Numeri superiori a 100

A. Per cominciare. Sentirai un dialogo due volte. La prima volta, ascolta attentamente. La seconda volta il dialogo sarà ripetuto con pause per la ripetizione.

Ecco il dialogo.

MONICA: Mi sono diplomata nel 1996, mi sono laureata nel 2000, mi sono sposata nel 2001, ho avuto un figlio nel 2002 e una figlia nel 2003, ho accettato un posto all'università nel 2004...
SILVIA: Quando pensi di fermarti?

Ora sentirai di nuovo il dialogo con pause per la ripetizione.

B. Quanto fa? Fai le addizioni dei seguenti numeri. Sentirai ogni addizione due volte. Ascolta attentamente, poi scrivi la somma dei due numeri che senti. Controlla le tue risposte con le soluzioni date in fondo al libro.

> ESEMPIO: *Senti:* cento più (+) cento fa...
> *Scrivi i numeri e fai l'addizione:* 100 + 100 = 200
> *Scrivi:*

1. 153 più 5 fa...
2. 579 più 2 fa...
3. 923 più 20 fa...
4. 1.875 più 5 fa...
5. 1.998 più 3 fa...
6. 999.000 più 1.000 fa...

Pronuncia: The sound of the letter "l"

In Italian, the letter l has a sound similar to that in the English word *love*. It is a clear sound, articulated at the front of the mouth, never at the back of the mouth, as in the English words *alter* and *will*.

A. L. Practice the l sound. Listen and repeat.

1. lavarsi
2. leggere
3. lira
4. loro
5. lunedì
6. salutare

B. L doppia. Compare and contrast the single and double sound of l. Note the slight change in vowel sound when the consonant following is doubled. Listen and repeat.

1. belo / bello
2. fola / folla
3. pala / palla
4. cela / cella

C. L e gl. As you learned in **Capitolo 3,** the sound of gl is different from the sound of l. Compare and contrast the sounds in the following pairs of words. Listen and repeat.

1. belli / begli
2. olio / aglio
3. male / maglia
4. filo / figlio

D. Parliamo italiano! Listen and repeat.

1. Come balla bene la moglie di Guglielmo! Glielo voglio dire.
2. Fa caldo a Milano in luglio?
3. Ecco il portafoglio di mio figlio.
4. Quella ragazza è alta e snella.
5. Vogliono il tè con il latte o con il limone?

Dialogo

Prima parte. Gerry Milligan, uno studente d'italiano in Italia, si lamenta sempre dei suoi vestiti. Adesso è a Genova, a casa di Luca e Natasha.

Ascolta attentamente il dialogo.

GERRY: Natasha, non credo di poter uscire stasera! Non ho proprio niente da mettermi!

NATASHA: Ma non hai comprato un paio di pantaloni e una camicia nuova ieri?

LUCA: Guarda, Gerry, andiamo solo al ristorante, stai benissimo, va bene così!

NATASHA: Luca, guarda che capisco benissimo questi attacchi d'ansia di Gerry. Quando sono venuta in Italia la prima volta, tutti hanno fatto dei commenti sui vestiti che mi sono messa…

GERRY: Vedi, Luca, che ho ragione? È una ragione culturale, questa. Tutti gli italiani che vedo hanno sempre vestiti che vanno bene insieme. Certo che ho comprato dei vestiti nuovi ieri ma non ho le scarpe o la cintura adatte…

LUCA: Mamma mia, ma prova a metterti un paio di scarpe e andiamo, ho fame! E poi guarda me: la moda non mi interessa proprio.

NATASHA: Infatti, si vede! Luca, ma ti sei guardato allo specchio stamattina? Non ti sei fatto la barba, non ti sei pettinato...

LUCA: Ma è domenica, non voglio preoccuparmi della moda, mi voglio solo rilassare!

Seconda parte. Ascolta di nuovo il dialogo. Fai particolare attenzione alle preoccupazioni di Gerry e alle obiezioni di Luca.

Terza parte. Sentirai due volte sei frasi basate sul dialogo. Segna, per ciascuna frase, **vero** o **falso**.

1. Gerry non vuole andare al ristorante perché non ha fame.
2. Gerry ha bisogno di una camicia nuova perché non l'ha.
3. Gerry non ha comprato le scarpe adatte ai suoi vestiti.
4. Secondo Natasha, gli italiani si preoccupano della moda.
5. Luca, invece, non si preoccupa della moda il week-end.
6. Luca vuole solo rilassarsi la domenica.

Le risposte sono: 1. falso 2. falso 3. vero 4. vero 5. falso 6. vero

 # Ed ora ascoltiamo!

Storiella d'amore. Sentirai un dialogo tra Romeo e Giulietta. Puoi ascoltare il dialogo quante volte vuoi. Poi sentirai cinque frasi da completare. Scegli il completamento giusto per ciascuna frase.

Ecco il dialogo.

ROMEO: Pronto!

GIULIETTA: Ciao, Romeo, sono Giulietta!

ROMEO: Aspetto la tua telefonata da quando ci siamo conosciuti alla festa dei tuoi genitori!

GIULIETTA: È da molto che voglio parlarti. Ci siamo innamorati quando ci siamo guardati per la prima volta.

ROMEO: Anch'io! Ricordi quando ci siamo incontrati per caso a Verona?

GIULIETTA: Sì, certo...

ROMEO: Perché non ci incontriamo al Caffè Sportivo dopo la lezione di letteratura inglese?

GIULIETTA: Perfetto. Ti amo, Romeo.

ROMEO: Anch'io ti amo, Giulietta. Buona notte. A domani!

Ecco le frasi da completare.

1. Si sono conosciuti...
2. Si sono innamorati...
3. Si sono incontrati...
4. Si incontrano...
5. Si dicono...

Le risposte sono: 1. b 2. a 3. a 4. b 5. a

# Dettato

Sentirai un breve dettato tre volte. La prima volta ascolta attentamente. La seconda volta, il dettato sarà letto con pause tra le frasi. Scrivi quello che senti. La terza volta, correggi quello che hai scritto. Scrivi sulle righe date. Controlla il tuo dettato con le soluzioni date in fondo al libro.

Marilena, Franca, Elena e Silvia vivono insieme in un appartamento nel centro di Roma. Marilena studia all'università, Franca insegna lettere in una scuola media, Elena, la più grande, si è laureata sei anni fa e lavora in laboratorio, Silvia si è specializzata in informatica e lavora in un ufficio. Le quattro ragazze non si annoiano mai: vivere insieme è stimolante e interessante, anche se qualche volta è difficile. Ma le ragazze, invece di arrabbiarsi, si capiscono e si aiutano tra di loro.

Sara in Italia

Dalla costa adriatica, Sara è scesa a Tropea, una città della Calabria, sul mare Tirreno, per una breve vacanza. In spiaggia, parla con una signora italiana delle cose da vedere in Basilicata e in Calabria.

Ascolta attentamente il dialogo. Ascolta il dialogo quante volte vuoi. Poi, rispondi alle domande che senti. Sentirai ogni domanda due volte. Ripeti la risposta.

SIGNORA ROCCABIANCA: Che hai pensato di Matera, allora? Ti sono piaciute di più le città della Basilicata o della Calabria?

SARA: A dire il vero, sono molto diverse. Matera è una città affascinante, con quelle case costruite nelle rocce. Mi sono piaciute particolarmente anche perché ho letto qualche tempo fa il libro di Carlo Levi *Cristo si è fermato a Eboli*, che descrive le condizioni di vita degli abitanti della Basilicata negli anni Trenta. In Calabria invece, prima di venire al mare, ho visitato molte rovine greche, tra Sibari e Locri. M'interessa l'archeologia e questa regione è molto ricca di monumenti greci.

SIGNORA ROCCABIANCA: Sei già andata a vedere il Museo Nazionale della Magna Grecia?

SARA: Se non mi sbaglio, è a Reggio Calabria, no? Non ci sono ancora stata, in questi giorni sono pigra, mi sveglio e mi alzo tardi, poi mi rilasso qui in spiaggia invece di viaggiare.

SIGNORA ROCCABIANCA: Devi alzarti prima e andare, Reggio non è lontana! E non è possibile annoiarsi al museo, ha la collezione di statue e vasi greci più importante del Sud, e ci sono i Bronzi di Riace, le statue di due guerrieri greci trovate nel mare Ionio. Bellissimi!

Ecco le domande.

1.	Quale città ha visitato Sara in Basilicata?	Ha visitato Matera.
2.	Che cosa ha visitato in Calabria prima di arrivare a Tropea?	Ha visitato molte rovine greche.
3.	Perché Sara non ha visitato Reggio Calabria?	Perché si sveglia e si alza tardi poi va in spiaggia invece di viaggiare.
4.	Per che cosa è importante il Museo Nazionale della Magna Grecia?	È importante per la collezione di statue e vasi greci.
5.	Che cosa sono i Bronzi di Riace?	Sono due statue di guerrieri.

CAPITOLO 8

C'era una volta...

 ## Vocabolario preliminare

A. Per cominciare. Sentirai un dialogo seguito da quattro domande. Sentirai il dialogo due volte. La prima volta, ascolta attentamente. La seconda volta, il dialogo sarà ripetuto con pause per la ripetizione. Scegli poi le risposte giuste alle domande che senti.

Ecco il dialogo.

ROSSANA: Che dice il giornale sui programmi di stasera? Che danno in televisione?
FABRIZIO: C'è una partita di calcio su Rai Uno, se vuoi vedere lo sport. Gioca l'Italia...
ROSSANA: Telefilm interessanti?
FABRIZIO: Non credo, ma ci sono due bei film su Rai Tre e Canale Cinque più tardi, dopo il telegiornale.
ROSSANA: E adesso che c'è?
FABRIZIO: È l'ora del telegiornale. Possiamo vedere un DVD o ascoltare la radio.
ROSSANA: Ma no, andiamo al cinema invece. Ho letto una recensione molto positiva dell'ultimo film di Spielberg...

Ora sentirai di nuovo il dialogo con pause per la ripetizione.

Ecco le domande.

1. Che cosa danno su Rai Uno?
2. Che cosa c'è su Rai Tre e su Canale Cinque?
3. Cosa propone Fabrizio a Rossana?
4. Cosa vuole vedere Rossana?

Le risposte sono: 1. a 2. a 3. b 4. b

B. La stampa. Sentirai sei definizioni di parole che hanno a che fare con la stampa. Sentirai le definizioni due volte. Scegli la parola corrispondente a ciascuna definizione e scrivi la parola sulla riga data. Controlla le tue risposte con le soluzioni date in fondo al libro.

Ecco le definizioni.

1. Esce ogni settimana. Per esempio, in Italia, ci sono *L'Espresso* e *Panorama*.
2. Sui giornali, è usata per mostrare prodotti, cose da comprare.
3. È un articolo che il critico scrive per chi vuole conoscere la sua valutazione di un film, di un libro, di una trasmissione.
4. Esce una volta al mese. Per esempio, in Italia ci sono *Quattro Ruote* e *Max*.
5. Presenta i fatti del giorno.
6. Lo possiamo leggere tutti i giorni. In Italia ci sono *la Repubblica*, *l'Unità*, *il Corriere della Sera*.

In ascolto

Recensioni e interviste... Sandra e Claudia discutono delle recensioni e interviste a Roberto Benigni, un famoso attore comico e regista italiano. Ascolta con attenzione la loro conversazione e rispondi alle domande seguenti.

SANDRA: Hai letto il giornale oggi?

CLAUDIA: No, perché?

SANDRA: C'è una buona recensione dell'ultimo film di Benigni, che voglio andare a vedere.

CLAUDIA: Ho letto una lunga intervista a Benigni su un settimanale, ma non mi sono piaciute le domande del giornalista, tutte sulla vita privata!

SANDRA: È vero, per leggere delle recensioni sul film è necessario comprare i quotidiani, come quello che ho comprato oggi. C'è una lunga recensione, e anche un'intervista, ma le domande sono sul film e su Benigni come regista.

CLAUDIA: E stasera su Rai Due trasmettono anche un suo vecchio film.

SANDRA: Bene, allora sto a casa e guardo la televisione!

Grammatica

A. Imperfetto

A. Per cominciare. Sentirai un dialogo due volte. La prima volta, ascolta attentamente. La seconda volta, il dialogo sarà ripetuto con pause per la ripetizione.

Ecco il dialogo.

LUIGINO: Papà, mi racconti una favola?

PAPÀ: Volentieri! C'era una volta una bambina che si chiamava Cappuccetto Rosso perché portava sempre una mantella rossa col cappuccio. Viveva vicino a un bosco con la mamma...

LUIGINO: Papà, perché mi racconti sempre la stessa storia?

PAPÀ: Perché conosco solo una storia!

Ora sentirai di nuovo il dialogo con le pause per la ripetizione.

B. Come eravamo... Guardi le vecchie foto di famiglia. Di' come erano i membri della famiglia, secondo i suggerimenti. Ripeti la risposta.

ESEMPIO: *Senti:* la nonna
Leggi: essere una bella ragazza
Dici: La nonna era una bella ragazza.

1. i nonni / I nonni avevano la barba nera.
2. le zie Alice e Serena / Le zie Alice e Serena portavano la gonna corta.
3. lo zio Tommaso / Lo zio Tommaso era grasso.
4. tu ed io / Io e tu mettevamo vestiti buffi.
5. tu e Francesco / Io e Francesco andavamo in bicicletta.
6. lo zio Gianfranco / Lo zio Gianfranco era un atleta.
7. io / Tu portavi gli occhiali.
8. papà / Papà aveva tanti capelli.

C. Davide e Serena. Davide e Serena erano una bella coppia ma… non più. Metti le frasi di Davide all'imperfetto. Ripeti la risposta.

> ESEMPIO: *Senti:* Io le porto sempre i fiori.
> *Dici:* Io le portavo sempre i fiori.

1. Ci telefoniamo ogni giorno. / Ci telefonavamo ogni giorno.
2. Gli amici ci invitano spesso. / Gli amici ci invitavano spesso.
3. Ci facciamo tanti regali. / Ci facevamo tanti regali.
4. Usciamo il sabato sera. / Uscivamo il sabato sera.
5. Ho intenzione di sposarla! / Avevo intenzione di sposarla!

D. Sempre, spesso o mai? Con quale frequenza facevi le seguenti azioni da bambino o bambina? Sentirai, per due volte, otto domande. Prendi appunti sulle domande e segna nello schema con quale frequenza facevi le seguenti azioni da bambino o bambina. Poi scrivi tre frasi su cosa facevi, sempre, spesso o mai, sulle righe date.

Ecco le domande:

1. Giocavi con gli amici?
2. Ti piaceva andare a scuola?
3. Andavi a vedere film al cinema?
4. Guardavi la televisione?
5. Mangiavi il pesce?
6. Facevi sport?
7. Leggevi molto?
8. Andavi a dormire presto la sera?

B. Imperfetto e passato prossimo

A. Anche noi! Giancarlo ti racconta cosa ha fatto ieri. Di' che sono tutte cose che tu e i tuoi fratelli facevate da piccoli. Ripeti la risposta.

> ESEMPIO: *Senti:* Ieri ho mangiato molta pizza.
> *Leggi:* anche mia sorella
> *Dici:* Anche mia sorella da piccola mangiava molta pizza.

1. Ieri sono andato al cinema con la nonna. / Anche mio fratello da piccolo andava al cinema con la nonna.
2. Ieri ho letto la favola di Pinocchio. / Anche le mie sorelle da piccole leggevano la favola di Pinocchio.
3. Ieri ho nuotato in piscina con i cugini. / Anche i miei fratelli da piccoli nuotavano in piscina con i cugini.
4. Ieri mi sono svegliato alle sei. / Anche noi da piccoli ci svegliavamo alle sei.
5. Ieri ho fatto il bagno non la doccia. / Anch'io da piccolo facevo il bagno non la doccia.

C. Trapassato

A. Per cominciare. Sentirai un brano due volte. La prima volta, ascolta attentamente. La seconda volta, completa il brano con le parole che mancano. Controlla le tue risposte con le soluzioni date in fondo al libro.

Ecco il brano.

Gino aveva capito che l'appuntamento con Susanna era alle 8.00, ma Susanna aveva capito che era alle 7.00. Alle 7.30 Susanna era stanca di aspettare Gino ed era molto arrabbiata. Così è andata al cinema con la sua compagna di stanza. Gino è arrivato alle 8.00 in punto, ma quando è arrivato Susanna era già uscita. Povero Gino!

Ora sentirai di nuovo il brano.

B. Ma perché? Mariella vuole sapere perché sono successe certe cose. Rispondi alle sue domande, secondo i suggerimenti. Ripeti la risposta.

> ESEMPIO: *Senti:* Perché eri di umore nero?
> *Leggi:* lavorare troppo
> *Dici:* Ero di umore nero perché avevo lavorato troppo.

1. Perché Sonia era stanca? / Era stanca perché aveva studiato tutta la notte.
2. Perché Alice e Tommaso avevano fretta? / Avevano fretta perché avevano perso l'autobus.
3. Perché eri arrabbiata? / Ero arrabbiata perché avevo aspettato due ore.
4. Perché tu ed Elisabetta avevate fame? / Avevamo fame perché avevamo mangiato solo un panino.
5. Perché eri in ritardo? / Ero in ritardo perché avevo dimenticato l'orologio.

C. La fiaba confusa. Sentirai raccontare una fiaba piuttosto particolare. Sentirai le due parti della fiaba due volte. La prima volta, ascolta attentamente. La seconda volta, completa la prima metà con il verbo all'imperfetto e la seconda metà con il verbo al trapassato. Controlla le tue risposte con le soluzioni date in fondo al libro. Poi inventa un finale alla fiaba. Ferma la registrazione per scrivere il finale sulle righe date.

Ecco la prima metà.

C'era una volta una bella bambina che abitava sola nel bosco. Si chiamava Cappuccetto Rosso, perché aveva un vestito con un cappuccio che era rosso come un pomodoro. Cappuccetto un giorno doveva andare a fare visita alla nonna, così esce di casa e mentre camminava nel bosco incontra Cenerentola.

Ecco la seconda metà.

Insieme vanno dalla nonna e, quando arrivano, vedono uscire la Bella Addormentata, che si era appena svegliata dal suo sonno e che cercava il suo Principe. La Bella Addormentata aveva trovato invece la casa della nonna. La nonna le aveva detto che il Principe era andato a cercare Biancaneve, perché Biancaneve aveva perso una scarpa nella foresta e il principe era andato a incontrarla. Lui aveva la scarpa che la nonna aveva trovato.

Ora sentirai di nuovo la fiaba.

Ora ferma la registrazione e scrivi un finale possibile.

D. Suffissi

A. Per cominciare. Sentirai un brano due volte. La prima volta, ascolta attentamente. La seconda volta, il brano sarà ripetuto con pause per la ripetizione.

Ecco il monologo.

Ha visto passare il mio fratellino? È un bambino con un nasino tanto carino, due manine graziose e due piedini piccolini piccolini.

Ora sentirai di nuovo il brano con pause per la ripetizione.

B. Una letterona! Guarda i disegni e seleziona quello indicato nella frase che senti.

> ESEMPIO: *Vedi:*
> *Senti:* Ho ricevuto una letterona!
>
> *Scegli:* a. ☐ b.

1. Ecco un vero nasone!
2. Che piedino!
3. Questo è un libretto!
4. Ahh, che tempaccio!
5. Ecco una boccuccia!

Le risposte sono: 1. a 2. a 3. b 4. a 5. b

Pronuncia: The sounds of the letters "m" and "n"

A. *M* e *m* doppia. The letter **m** is pronounced as in the English word *mime*. Listen and repeat.

1. marito
2. mese
3. minuti
4. moto
5. musica

Now contrast the single and double sound of **m.** Listen and repeat.

1. m'ama / mamma
2. some / somme
3. fumo / fummo

B. *N* e *n* doppia. The letter **n** is pronounced as in the English word *nine*. Listen and repeat.

1. naso
2. neve
3. nipoti
4. noioso
5. numeroso

Now contrast the single and double sound of **n.** Listen and repeat.

1. la luna / l'alunna
2. noni / nonni
3. sano / sanno

C. *Gn.* As you learned in **Capitolo 3,** the combination **gn** has its own distinct sound. Compare and contrast the [n] and the [ny] sounds in the following pairs of words. Listen and repeat.

1. campana / campagna
2. anello / agnello
3. sono / sogno

D. Parliamo italiano! Listen and repeat.

1. Guglielmo Agnelli è un ingegnere di Foligno.
2. Il bambino è nato in giugno.
3. Dammi un anello, non un agnello!
4. Buon Natale, nonna Virginia!
5. Anna è la moglie di mio figlio Antonio.

Dialogo

Prima parte. Paola e Davide parlano di una retrospettiva dei film di Fellini che Paola ha visto recentemente a Roma.

Ascolta attentamente il dialogo.

PAOLA: È stato bello rivedere i film di Fellini nello spazio di pochi giorni; non li ho rivisti tutti ma quelli che mi sono sempre piaciuti di più...

DAVIDE: Qual è il tuo film preferito, allora? Io non li conosco bene, non li ho mai visti al cinema!

PAOLA: Davvero, Davide? Mai? Io ho cominciato a vederli quando ero bambina, erano i film che piacevano di più a mio padre... E poi, anche i miei sono di Rimini, la città di Fellini.

DAVIDE: Ma dimmi, allora, quale film mi consigli?

PAOLA: A me piace molto *Amarcord*. Il titolo, nel dialetto della Romagna, significa «Mi ricordo». È un film autobiografico, girato appunto a Rimini con un protagonista che era come il regista quando era bambino, durante gli anni del fascismo. È un film divertente, comico e nostalgico al tempo stesso.

DAVIDE: Ma di che parla?

PAOLA: È un po' difficile dirlo. Parla di una famiglia italiana, quella del bambino, e tutto il film è visto con gli occhi del bambino che cresce, osserva e interpreta la realtà di una città con il fascismo, con i contrasti con i genitori, i nonni, i primi amori e le ossessioni per le donne. Un tema comune di Fellini è l'amore per le donne, infatti, come vediamo anche in *8 1/2*!

DAVIDE: Sembra interessante.

PAOLA: Lo è! Puoi prenderlo a noleggio in videocassetta o vederlo anche in DVD, credo.

Seconda parte. Ascolta di nuovo il dialogo. Fai particolare attenzione alle caratteristiche del film di Fellini.

Terza parte. Sentirai due volte sei frasi basate sul dialogo. Segna, per ciascuna frase, **vero** o **falso.**

1. I genitori di Paola sono della città dove è nato Fellini.
2. Il film favorito di Paola è su Rimini.
3. Il film *Amarcord* è un film autobiografico. Il titolo significa «Mi ricordo».
4. Il film ha un soggetto contemporaneo.
5. Fellini ha un'ossessione per il fascismo. I suoi film hanno come tema comune il fascismo.
6. Davide può vedere *Amarcord* al cinema.

Le risposte sono: 1. vero   2. vero   3. vero   4. falso   5. falso   6. falso

Ed ora ascoltiamo!

Angela, una giovane donna italiana, è intervistata da un giornalista. Sentirai il loro dialogo. Puoi ascoltare il dialogo quante volte vuoi. Poi sentirai, due volte, cinque frasi e dovrai segnare, per ciascuna frase, **vero** o **falso.**

Ecco il dialogo.

GIORNALISTA: Da quanto tempo vive negli Stati Uniti, signorina?

ANGELA: Vivo a New York da sei anni e lavoro per un giornale locale.

GIORNALISTA: Non sente la nostalgia dell'Italia, della famiglia, dei genitori, del fratello?

ANGELA: All'inizio, sì. Anche adesso l'Italia mi manca a volte—la gente, gli amici, il modo di vivere... ma torno una volta all'anno dai miei. Mio fratello invece preferisce vivere vicino alla famiglia, forse troppo vicino...

GIORNALISTA: Secondo Lei, perché questo non è bene?

ANGELA: Perché il figlio-adulto ridiventa bambino. È viziato dalla mamma che gli fa tutto—cucina per lui, gli lava i vestiti...

GIORNALISTA: Alcuni dicono che questo prolunga la vita dei genitori, li fa sentire più giovani.

ANGELA: Questo è valido forse per mio padre che non sa ancora fare gli spaghetti in bianco, ma la mia povera mamma ha già 65 anni e ha bisogno di riposarsi!

Ecco le frasi.

1. Angela vive a New York da sei anni.
2. Angela non ha mai sentito nostalgia dell'Italia.
3. Il fratello di Angela vive vicino alla famiglia.
4. Il papà di Angela cucina molto spesso.
5. La mamma di Angela ha bisogno di riposarsi.

Le risposte sono: 1. vero   2. falso   3. vero   4. falso   5. vero

Dettato

Sentirai un breve dettato. La prima volta, ascolta attentamente. La seconda volta, il dettato sarà letto con pause tra le frasi. Scrivi quello che senti. La terza volta, correggi quello che hai scritto. Scrivi sulle righe date. Controlla il tuo dettato con le soluzioni date in fondo al libro.

Maurizio e Rinaldo sono due vecchi amici. Si conoscono da quando erano piccoli. Rinaldo si è sposato e ha una bambina che va all'asilo. Lui e sua moglie Giuliana sono molto contenti. Maurizio, invece, è divorziato, lui e sua moglie non si capivano. Da quando Maurizio è divorziato sua madre fa tutto per il figlio: stira, lava, cucina, eccetera. Angela, la sorella di Maurizio, vive in America. È una donna indipendente che è andata in America da sola.

Sara in Italia

Sara aveva comprato dei biglietti per uno spettacolo all'Arena di Verona e adesso è in Veneto, a far visita ai suoi cugini. Dopo un giro a Venezia e a Padova, adesso è tornata a Verona, la città dei suoi parenti. Per strada incontra Massimo, un amico che ha conosciuto attraverso sua cugina Antonella.

Ascolta attentamente il dialogo. Ascolta il dialogo quante volte vuoi. Poi, rispondi alle domande che senti. Sentirai ogni domanda due volte. Ripeti la risposta.

MASSIMO: Ehi, ciao, Sara, dove vai così in fretta?

SARA: Ciao, Massimo! Vado a vedere uno spettacolo all'Arena, sono quasi in ritardo...

MASSIMO: Ah sì, e cosa danno?

SARA: *Turandot*, di Puccini. Sono molto emozionata, perché è la prima opera che ho ascoltato sui Cd che mi aveva regalato mio padre. Lui è sempre stato un appassionato dell'opera.

MASSIMO: Ah, capisco. Avevo visto due anni fa un DVD di *Madame Butterfly* ma non mi aveva fatto una buona impressione. Poi l'ho vista trasmessa in diretta dall'Arena e sono rimasto incantato. Ma di che parla *Turandot*?

SARA: C'è una principessa crudele che uccide i principi che vogliono sposarla. Recita degli indovinelli e se loro non danno la risposta giusta, li uccide. Ma la fine è positiva: Turandot s'innamora di uno dei principi!

MASSIMO: Ma mi avevano detto che una delle protagoniste moriva!

SARA: Sì, è vero, la storia è più complicata, ma alla fine l'amore trionfa. Non è una tragedia totale come *Romeo e Giulietta*!

Ecco le domande.

1. Perché Sara è emozionata all'idea di vedere *Turandot*?

Perché è la prima opera che ha vede.

2. Che cosa aveva visto Massimo due anni fa?

Aveva visto *Madame Butterfly*.

3. Quando gli è piaciuta *Madame Butterfly*?

Quando l'ha vista in diretta dall'Arena di Verona.

4. Quando uccide i principi la principessa Turandot?

Quando non rispondono correttamente agli indovinelli.

5. Finisce bene *Turandot*?

Sì, finisce bene perché Turandot si innamora di uno dei principi.

CAPITOLO 9

Come ti senti?

Vocabolario preliminare

A. Per cominciare. Sentirai un dialogo seguito da tre frasi. Sentirai il dialogo due volte. La prima volta, ascolta attentamente. La seconda volta, il dialogo sarà ripetuto con pause per la ripetizione. Poi ascolta le frasi e scegli, per ciascuna frase, **vero** o **falso.**

Ecco il dialogo.

ROBERTA: E allora, che cosa è successo?
ANTONELLA: Non ricordo proprio bene. Sciavo molto veloce e poi, improvvisamente ho perso il controllo degli sci, e mi sono svegliata all'ospedale...
ROBERTA: Io mi sono rotta la gamba sinistra lo scorso inverno, una vera scocciatura...
ANTONELLA: Pensa a me allora. I dottori hanno detto che non posso scrivere per almeno due mesi!
ROBERTA: Una bella scusa per non fare i compiti, eh?

Ora sentirai di nuovo il dialogo con pause per la ripetizione.

Ecco le frasi.

1. Antonella si è rotta la gamba.
2. Lo scorso inverno Roberta si è rotta la mano.
3. I dottori hanno detto ad Antonella che non può scrivere per due mesi.

Le risposte sono: 1. falso   2. falso   3. vero

B. Indovinelli. Sentirai cinque indovinelli. Indovina una parte del corpo per ogni frase. Scrivi nella scatola il numero corrispondente alla parola.

Ecco gli indovinelli.

1. Fa male quando siamo innamorati.
2. È nelle monete e nel letto.
3. Ci passa l'ossigeno ma non il cibo.
4. Quelli di un vampiro possono essere lunghi.
5. È visibile solo allo specchio.

Le risposte sono: 1. il cuore   2. la testa   3. il naso   4. i denti   5. la schiena

C. Identificazioni. Identifica ogni parte del corpo nel disegno. Scegli le parole fra quelle suggerite. Comincia la frase con **È...** o **Sono...** Ripeti la risposta.

ESEMPIO: *Senti:* 1
        Dici: Sono le dita.

2. È il piede.
3. È la bocca.
4. Sono gli occhi.
5. È la gamba.
6. Sono le mani.

7. Sono le braccia.
8. È la gola.
9. Sono le orecchie.
10. È il naso.

In ascolto

Un'escursione. Alessandra e Alberto fanno un programma per il week-end. Ascolta con attenzione la loro conversazione e decidi se le seguenti affermazioni sono vere o false. Poi, correggi le affermazioni false.

ALESSANDRA: Sono così stressata dal lavoro! Dormo male, non mangio, sono sempre stanca... ho bisogno davvero di rilassarmi.

ALBERTO: Perché non andiamo in montagna questo fine settimana?

ALESSANDRA: Ottima idea. Ho sentito che ci sono dei posti bellissimi sui Monti Sibillini, e anche una vista magnifica.

ALBERTO: Allora, andiamo! Ho voglia anch'io di camminare all'aria aperta.

ALESSANDRA: Speriamo nel bel tempo per sabato.

ALBERTO: Speriamo! Una passeggiata in montagna è l'ideale per rilassarsi e per l'appetito...

ALESSANDRA: Non vedo l'ora di uscire dalla città, lontano dal traffico e dallo stress...

ALBERTO: Invitiamo anche Paolo?

ALESSANDRA: Lui preferisce il mare, e poi sai com'è Paolo. È così pigro! Non cammina mai. Prende sempre la macchina!

ALBERTO: Ma allora dobbiamo convincerlo. La salute è una cosa importante!

Grammatica

A. Pronomi tonici

A. Per cominciare. Sentirai un dialogo due volte. La prima volta, ascolta attentamente. La seconda volta, il dialogo sarà ripetuto con pause per la ripetizione.

Ecco il dialogo.

PAZIENTE: Quando L'ho visto due settimane fa, mi ha detto che non avevo problemi con la vista.

OULISTA: Mi dispiace, ma non credo di averLa visitata. Ha visto me, o forse un altro medico?

PAZIENTE: Sono sicurissima, ho visto Lei... Oh, mi sbaglio, non ho visto Lei. Ho visto un medico alto, grasso, con capelli neri e occhiali.

Ora sentirai di nuovo il dialogo con pause per la ripetizione.

B. Per chi? Sentirai chiedere per chi prepari ogni specialità. Rispondi con i pronomi tonici appropriati. Ripeti la risposta.

> ESEMPIO: *Senti:* Questo è per la mamma?
> *Dici:* Sì, è per lei.

1. Questo è per gli zii? / Sì, è per loro.
2. Questa è per noi? / Sì, è per voi.
3. Questi sono per me? / Sì, sono per te.
4. Questo è per lo zio Arrigo? / Sì, è per lui.
5. Queste sono per i cugini? / Sì, sono per loro.
6. Questa è per voi adulti? / Sì, è per noi.

C. Curiosità. Luca ti fa tante domande oggi. Rispondi alle sue domande con i pronomi tonici appropriati. Ripeti la risposta.

> ESEMPIO: *Senti:* Esci con Mario?
> *Dici:* Sì, esco con lui.

1. Paolo viene con Silvia? / Sì, viene con lei.
2. Mirella ha ricevuto un regalo dagli zii? / Sì, ha ricevuto un regalo da loro.
3. Patrizia viene senza le bambine? / Sì, viene senza di loro.
4. Avevi pensato alla mamma? / Sì, avevo pensato a lei.
5. Ha bisogno di papà? / Sì, ha bisogno di lui.
6. Hai paura di Dracula? / Sì, ho paura di lui.

B. Comparativi

A. Per cominciare. Sentirai un brano seguito da tre frasi. Sentirai il brano due volte. La prima volta, ascolta attentamente. La seconda volta, il brano sarà ripetuto con pause per la ripetizione.

Ecco il brano.

Io ho due gemelli. Sandra è più sportiva di Michele, ma Michele è più interessato alla musica di Sandra. Sandra è meno timida di Michele; lei è molto più estroversa di lui. Michele è carino e gentile come Sandra—sono due ragazzi simpaticissimi.

Ora sentirai di nuovo il brano con pause per la ripetizione.

B. Comparazioni. Usa le informazioni che vedi ed i nomi che senti per fare confronti. Ripeti la risposta.

> ESEMPIO: *Senti:* l'America, l'Italia
> *Leggi:* grande, più
> *Dici:* L'America è più grande dell'Italia.

1. Leonardo Di Caprio, Robert Redford / Leonardo Di Caprio è meno vecchio di Robert Redford.
2. Magic Johnson, Michael J. Fox / Magic Johnson è più alto di Michael J. Fox.
3. Stan Laurel, Oliver Hardy / Stan Laurel è meno grasso di Oliver Hardy.
4. lo sci, il calcio / Lo sci è meno popolare del calcio.
5. l'equitazione, il jogging / L'equitazione è più costosa del jogging.
6. i film americani, i film europei / I film americani sono più violenti dei film europei.

C. Chi? Guarda il disegno e rispondi alle domande. Sentirai ogni domanda due volte. Ripeti la risposta.

> ESEMPIO: *Senti:* Chi è meno alto di Giorgio?
> *Dici:* Rosa è meno alta di Giorgio.

1. Chi è più alto di Giorgio? / Nino è più alto di Giorgio.
2. Chi è alto come Pia? / Giorgio è alto come Pia.
3. Chi è brava quanto Nino? / Pia è brava quanto Nino.
4. Chi è meno contento di Rosa? / Giorgio è meno contento di Rosa.
5. Chi ha i capelli più lunghi di Pia? / Rosa ha i capelli più lunghi di Pia.

C. Superlativi relativi

Claudio lo straordinario! Claudio è un giovane eccezionale. Di' quanto è bravo a confronto con la sua famiglia. Ripeti la risposta.

> ESEMPIO: *Senti:* simpatico
> *Dici:* È il ragazzo più simpatico della famiglia.

1. intelligente / È il ragazzo più intelligente della famiglia.
2. strano / È il ragazzo più strano della famiglia.
3. superstizioso / È il ragazzo più superstizioso della famiglia.
4. allegro / È il ragazzo più allegro della famiglia.
5. originale / È il ragazzo più originale della famiglia.

D. Comparativi e superlativi irregolari

A. Per cominciare. Sentirai un dialogo due volte. La prima volta, ascolta attentamente. La seconda volta, il dialogo sarà ripetuto con pause per la ripetizione.

Ecco il dialogo.

MAMMA: Ti senti meglio oggi, Carletto?
CARLETTO: No, mamma, mi sento peggio.
MAMMA: Poverino! Ora ti do una medicina che ti farà bene.
CARLETTO: È buona?
MAMMA: È buonissima, migliore dello zucchero!
...
CARLETTO: Mamma, hai detto una bugia! È peggiore del veleno!

Ora sentirai di nuovo il dialogo con pause per la ripetizione.

B. La medicina di Pinocchio... Pinocchio è malato o forse no. Sentirai il dialogo tra Pinocchio e la fata due volte. La prima volta, ascolta attentamente. La seconda volta, completa il dialogo con le parole che mancano. Controlla le tue risposte con le soluzioni date in fondo al libro.

Ecco il dialogo.

FATA: Allora, Pinocchio, non ti senti meglio oggi? Sei pronto per tornare a scuola?
PINOCCHIO: No, fatina, sto ancora male. Anzi, sto peggio. Questa è la peggiore influenza che ho mai avuto...
FATA: Mamma mia, forse è vero, anche il naso ti cresce. Dev'essere un'influenza molto pericolosa... Poverino! Adesso, però ti do una medicina che ti può fare bene...

PINOCCHIO: E com'è questa medicina? È buona?

FATA: È migliore dello zucchero!

PINOCCHIO: Oh, fata mia, hai detto una bugia! È peggiore del veleno!

FATA: Vedi il vantaggio di essere umani! Se dico una bugia il mio naso non si allunga!

Ora sentirai di nuovo il dialogo.

C. Secondo me... Sentirai un'opinione e dovrai esprimere l'opinione opposta. Ripeti la risposta.

ESEMPIO: *Senti:* Hanno pattinato meglio di tutti!

Dici: No, hanno pattinato peggio di tutti!

1. È una pessima idea! / No, è un'ottima idea!
2. Devono camminare di più! / No, devono camminare di meno!
3. Paolo è il loro fratello minore. / No, Paolo è il loro fratello maggiore!
4. Hanno nuotato poco. / No, hanno nuotato molto!
5. Il canottaggio è il migliore sport! / No, il canottaggio è il peggiore sport!

Pronuncia: The sounds of the letter "r"

There is no parallel in English for the Italian **r** sound. The tongue is held very loosely against the alveolar ridge (right behind the upper teeth) so that the flow of air makes it vibrate.

With practice, most people can learn to roll their **r**'s. If at first you don't succeed . . . Keep trying!

A. *R.* Practice the single **r** sound. Listen and repeat.

1. raccontare
2. regalare
3. riportare
4. romantico
5. russo
6. proprio

B. *Tr* e *r* finale. Pay particular attention to the combination **tr** and to the sound of **r** in final position. Listen and repeat.

1. treno
2. strada
3. centro
4. bar
5. per

C. *R doppia.* Contrast the single and double sound of **r**. Make a special effort to lengthen the sound of double **r**, and don't worry if your pronunciation seems exaggerated at first. Listen and repeat.

1. caro / carro
2. sera / serra
3. cori / corri
4. spore / porre

D. Parliamo italiano! Listen and repeat.

1. La loro sorella preferisce vestirsi di marrone.
2. Trentatré Trentini entrarono a Trento tutti e trentatré trotterellando su trentatré trattori trainati da treni.
3. Verrà stasera? Sì, ma telefonerà prima di venire.
4. Preferisce comprare le arance dal fruttivendolo? Credo di sì.
5. Corro perché sono in ritardo per le prove del coro.

Dialogo

Prima parte. Sentirai un dialogo tra Valeria ed Emanuele. Valeria racconta ad Emanuele della malattia di suo fratello.

Ascolta attentamente il dialogo.

EMANUELE: Ciao, Valeria, come va?

VALERIA: Non troppo bene, anzi, male, malissimo!

EMANUELE: Che è successo?

VALERIA: A me, niente, ma ho appena saputo che mio fratello è malato di cuore.

EMANUELE: Mi dispiace davvero, è già una situazione grave?

VALERIA: Deve ancora andare a parlare con gli specialisti, ma ha già saputo che la cura migliore a questo punto è un bypass. Probabilmente deve andare a fare l'operazione nelle Marche. Là c'è un famoso Istituto cardiologico e lui deve parlare con i dottori. Ho parlato al telefono con lui mezz'ora fa.

EMANUELE: Oh, mi dispiace davvero!

VALERIA: In questi giorni sta peggio del solito. Ha problemi di respirazione, si stanca subito e non è ottimista come me. Un bypass è un'operazione difficile, però, capisco il suo pessimismo.

EMANUELE: Vero, però oggi la tecnologia e le medicine possono fare miracoli. La ricerca medica è senz'altro più avanzata di qualche anno fa. E le strutture ospedaliere sono migliori. E tu, stai bene?

VALERIA: Anch'io ho qualche problema di salute in questi giorni: un'influenza fastidiosissima che mi ha dato febbre, mal di testa e mal di gola. Sono andata subito dal dottore, ma mi devo curare ancora per un po'. In questi giorni le cose non potevano andare peggio per me. Prima questa mia indisposizione, poi la notizia di mio fratello!

EMANUELE: Cerca di essere ottimista! Tuo fratello è molto più vecchio di te ma è anche forte come te. Sono sicuro che può vincere la sua malattia.

Seconda parte. Ascolta di nuovo il dialogo. Fai particolare attenzione ai sintomi, le malattie e le cure che Valeria e Emanuele descrivono.

Terza parte. Sentirai due volte sei frasi basate sul dialogo. Segna, per ciascuna frase, **vero** o **falso**.

1. Il fratello di Valeria ha un problema al cuore.
2. Valeria è la maggiore, suo fratello ha meno anni di lei.
3. La soluzione migliore alla malattia del fratello è curarsi con medicine che fanno nelle Marche.
4. Anche Valeria sta male come il fratello.
5. Oggi Valeria sta peggio del fratello.
6. Il fratello di Valeria è ottimista riguardo alla sua malattia.

Le risposte sono: 1. vero 2. falso 3. falso 4. falso 5. falso 6. falso

Ed ora ascoltiamo!

Sentirai tre dialoghi brevi riguardo ai problemi di salute. Puoi ascoltare i dialoghi quante volte vuoi. Dopo ognuno sentirai una domanda. Scegli la risposta giusta.

Ecco il primo dialogo.

FRANCO: Come va, Luigi?

LUIGI: Non troppo bene, Franco, ancora un mese da passare così. Non poter camminare è una bella scocciatura!

FRANCO: Hai ragione, ma meno male che quando sei caduto non ti sei rotto anche un braccio!

Ecco la domanda: 1. Che cosa si è rotto Luigi?

Ecco il secondo dialogo.

MARIO: Pronto, Marco?
MARCO: Sì?
MARIO: Marco? Sei tu?
MARCO: Sì, lo so, puoi capire dalla voce che sto male, ho mal di gola e mal di testa e febbre…
MARIO: Oh, allora è più un'influenza che un semplice raffreddore!

Ecco la domanda: 2. Cos'ha Marco?

Ecco il terzo dialogo.

FARMACISTA: Cara signora, mi dispiace, ma deve dire al suo medico di scrivere meglio le ricette: io questa non la posso leggere.
SIGNORA: Può chiamare il mio dottore, per favore? Così almeno posso avere le medicine subito.

Ecco la domanda: 3. Dove siamo?

Le risposte sono: 1. b   2. a   3. b

Dettato

Sentirai un breve dettato tre volte. La prima volta, ascolta attentamente. La seconda volta, scrivi quello che senti. La terza volta, correggi quello che hai scritto. Scrivi sulle righe date. Controlla il tuo dettato con le soluzioni date in fondo al libro.

Il sistema nazionale sanitario in Italia, anche se ha dei problemi, è di buon livello. Il diritto alla salute e alle cure, come quello al lavoro, è garantito dalla Costituzione italiana. L'assistenza medica è certo meno costosa che negli Stati Uniti, ma i servizi a volte sono meno buoni, anche se adeguati. La maggior parte degli ospedali italiani sono pubblici, non privati.

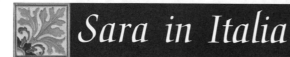

Sara in Italia

Sara è a Urbino, una piccola città delle Marche, regione centrale sulla costa adriatica. Luogo di nascita di Raffaello, Urbino è circondata dalle mura originarie ed è uno dei gioielli dell'architettura e dell'arte rinascimentale. Sara visita il Palazzo Ducale con un gruppo di turisti e una guida.

Ascolta attentamente il dialogo. Ascolta il dialogo quante volte vuoi. Poi, rispondi alle domande che senti. Sentirai ogni domanda due volte. Ripeti la risposta.

GUIDA: Questo è il più bel palazzo del Rinascimento italiano, costruito tra il 1444 e il 1482 per il Duca Federico da Montefeltro. Federico era tanto un guerriero quanto un uomo che coltivava le arti, e il suo palazzo è il monumento che rappresenta maggiormente gli ideali del Rinascimento. È qui infatti il famoso dipinto della «città ideale», la migliore città possibile, con una prospettiva perfetta…
SARA: Mi scusi, ma non è forse anche la città meno realistica di tutte? Non ci sono abitanti nel quadro!
GUIDA: È vero, signorina, infatti questa città voleva essere solo un modello astratto, utopistico, matematico, più che un dipinto realistico…

Da questa parte arriviamo alla biblioteca, una delle più grandi biblioteche dell'epoca…

Ecco le domande.

1. Com'è considerato il Palazzo Ducale di Urbino?

   È considerato il palazzo che rappresenta meglio il Rinascimento italiano.

2. Che cosa rappresenta il dipinto della «città ideale»?

   Rappresenta la migliore città possibile.

3. Secondo Sara, invece, com'è la città nel dipinto?

   È la città meno realistica di tutte.

4. Più che un dipinto realistico che cosa voleva essere questa città?

   Voleva essere solo un modello astratto, utopistico e matematico.

5. È grande la biblioteca del Palazzo Ducale?

   Sì, è una delle più grandi dell'epoca rinascimentale.

CAPITOLO 10

Buon viaggio!

 Vocabolario preliminare

A. Per cominciare. Sentirai un dialogo due volte. La prima volta, ascolta attentamente. La seconda volta, il dialogo sarà ripetuto con pause per la ripetizione.

Ecco il dialogo.

MARIO: Allora, che programmi hai per l'estate?
DANIELE: Ma, a dire il vero non ho ancora deciso. Forse vado al mare in Sicilia... E tu, niente di speciale questa volta?
MARIO: Quest'estate non vado in vacanza. L'anno scorso ho fatto una crociera in Grecia, quest'inverno sono andato a sciare in Francia, e poi ho fatto un viaggio in Olanda.
DANIELE: Ora capisco perché non vai in vacanza! O hai finito i giorni di ferie o i soldi per viaggiare all'estero!

Ora sentirai di nuovo il dialogo con pause per la ripetizione.

B. Una vacanza per tutti i gusti. Sentirai un brano seguito da quattro domande. Sentirai il brano due volte. La prima volta, ascolta attentamente. La seconda volta, il brano sarà ripetuto con pause per la ripetizione. Poi sentirai le domande due volte e dovrai scegliere la risposta giusta ad ogni domanda.

Ecco il brano.

Finalmente progetti precisi per le nostre vacanze: chi voleva affittare una casa, chi fare una crociera, chi al mare e chi in montagna... La decisione probabilmente soddisfa tutti: andiamo in campagna, in Toscana. Abbiamo trovato un piccolo albergo a due stelle, con una camera singola con bagno per Roberto, una matrimoniale per Alice e Cristiano, ma solo con doccia, e per me una singola con doccia. Io, Alice e Cristiano andiamo sempre in campeggio e usare il bagno comune in albergo per noi non è un problema. Risparmiamo dei soldi e siamo contenti. Non abbiamo neppure dovuto lasciare un anticipo con la carta di credito o mandare un assegno o dei contanti. Speriamo bene! Degli amici comunque mi hanno detto che l'albergo è carino e la zona favolosa per fare escursioni a cavallo...

Ora sentirai di nuovo il brano con pause per la ripetizione.

Ecco le domande.

1. Dove vanno gli amici in vacanza?
2. Cosa prenotano?
3. Cosa hanno prenotato Alice e Cristiano?
4. Come hanno pagato l'anticipo?

Le risposte sono: 1. c   2. c   3. c   4. d

C. Ha una camera libera?... Shannon è appena arrivata a Roma dove deve prenotare una stanza in un albergo. Cosa le chiederà l'impiegato? Ferma la registrazione e completa il dialogo con le frasi appropriate. Poi sentirai il dialogo due volte. La prima volta, controlla le tue risposte. La seconda volta, il dialogo sarà ripetuto con pause per la ripetizione.

Ecco il dialogo.

IMPIEGATO: Hotel Rex, buona sera. Desidera?
SHANNON: Ha una camera libera?
IMPIEGATO: Per quante notti?
SHANNON: Per due notti.
IMPIEGATO: Per quante persone?
SHANNON: Una.
IMPIEGATO: Una camera singola. Con bagno?
SHANNON: Con doccia va bene.
IMPIEGATO: Abbiamo una camera, ma senza aria condizionata.
SHANNON: Non importa se non c'è l'aria condizionata. Quanto costa?
IMPIEGATO: 80 euro.
SHANNON: C'è pensione completa?
IMPIEGATO: No.
SHANNON: Posso prenotare adesso?
IMPIEGATO: Certo. Come si chiama?
SHANNON: Shannon Mangiameli. Posso pagare con la carta di credito?
IMPIEGATO: Certo, mi può dare il numero?

Ora sentirai di nuovo il dialogo con pause per la ripetizione.

D. Progetti di vacanze. Sentirai tre coppie che parlano dei loro progetti di vacanze. Sentirai ogni dialogo due volte. La prima volta, ascolta attentamente. La seconda volta, completa la tabella con le informazioni appropriate per ciascuna coppia. Controlla le tue risposte con le soluzioni date in fondo al libro.

Ecco il primo dialogo.

ANNA: Un week-end al mare, allora?
PAOLO: Però andiamo in treno, a Viareggio la stazione non è molto lontana dalla spiaggia...
ANNA: Ma se andiamo in treno questa volta niente pensioni, prendiamo un albergo a tre stelle, con tutte le comodità!
PAOLO: Va bene, va bene. E paghiamo con la carta di credito...

Ora sentirai di nuovo il dialogo.

Ecco il secondo dialogo.

LAMBERTO: Quest'anno, durante le vacanze, ho voglia di rilassarmi. Andiamo in campagna per due settimane?
DANIELA: Benissimo! Che pensi dell'Umbria? Una mia amica mi ha parlato di una pensione molto carina vicino a Gubbio.
LAMBERTO: L'Umbria è l'ideale. Con la macchina sarà possibile andare ad Assisi, a Perugia, e anche vedere i boschi e fare lunghe passeggiate.
DANIELA: Allora telefono per prenotare una camera a mezza pensione per due settimane.
LAMBERTO: Accettano carte di credito?
DANIELA: Credo proprio di sì. Ma se non è possibile, paghiamo in contanti.

Ora sentirai di nuovo il dialogo.

Ecco il terzo dialogo.

ANTONELLA: Quest'estate sono pronta per una vacanza mediterranea. Perché non facciamo una crociera in Grecia?

ALDO: In Grecia? Perché no?

ANTONELLA: Una bella crociera fino a Creta. E a Herakleion c'è un albergo di lusso favoloso, dove sono stati i miei genitori qualche anno fa.

ALDO: Non sarà un viaggio troppo costoso?

ANTONELLA: Una crociera non è mai economica, e questa volta pago tutto con la carta di credito… almeno non devo sborsare subito i soldi!

Ora sentirai di nuovo il dialogo.

In ascolto

Progetti di vacanze. Renata e Enrico hanno preparato un itinerario per una vacanza in Toscana. Ascolta con attenzione la loro conversazione su una parte del viaggio, poi completa le frasi seguenti.

RENATA: E per Firenze cosa facciamo? Sai com'è difficile trovare un albergo a buon prezzo in questa stagione, e Firenze è piuttosto cara!

ENRICO: Possiamo prenotare una camera in una città come Prato o Pistoia, e prendere il treno per andare in centro a Firenze. Da Prato è meno di mezz'ora…

RENATA: Va bene allora. Vediamo qui nella guida… C'è una pensione a Prato vicino alla stazione. Una camera doppia con doccia non costa molto.

ENRICO: C'è anche l'aria condizionata?

RENATA: Non lo so, non c'è sulla guida…

ENRICO: E dopo Firenze perché non andiamo sulla costa? Ci sono delle belle spiagge a Marina di Pietrasanta.

RENATA: Benissimo… possiamo noleggiare una barca e andare a prendere il sole in mare aperto!

ENRICO: E di sera, andare a mangiare il pesce al ristorante!

 *Grammatica*

A. Futuro semplice

A. Per cominciare. Sentirai un brano due volte. La prima volta, ascolta attentamente. La seconda volta, completa il brano con le parole che mancano. Controlla le tue risposte con le soluzioni date in fondo al libro.

Ecco il brano.

Alla fine di giugno partirò per l'Italia con i miei genitori e mia sorella. Prenderemo l'aereo a New York e andremo a Roma. Passeremo una settimana insieme a Roma, poi i miei genitori noleggeranno una macchina e continueranno il viaggio con mia sorella. Io, invece, andrò a Perugia, dove studierò italiano per sette settimane. Alla fine di agosto ritorneremo tutti insieme negli Stati Uniti.

Ora sentirai di nuovo il brano.

B. Il matrimonio di Elsa sarà domenica... Tutti i parenti di Elsa arriveranno domenica per il suo matrimonio. Di' chi verrà e cosa farà, secondo i suggerimenti. Ripeti la risposta.

> ESEMPIO: *Leggi:* arrivare per il matrimonio di Elsa
> *Senti:* Stefania
> *Dici:* Domenica Stefania arriverà per il matrimonio di Elsa.

1. gli zii / Domenica gli zii porteranno il regalo per il matrimonio di Elsa.
2. noi / Domenica voi farete da testimoni al matrimonio di Elsa.
3. io / Domenica tu farai le fotografie al matrimonio di Elsa.
4. tu / Domenica io guiderò la macchina degli sposi per il matrimonio di Elsa.
5. tu e Carlo / Domenica io e Carlo porteremo i fiori per il matrimonio di Elsa.
6. don Silvano / Domenica don Silvano celebrerà il matrimonio di Elsa.

B. Usi speciali del futuro

A. Per cominciare. La mamma di Sara è preoccupata per sua figlia che viaggia per tutta l'Italia e si fa tante domande su quello che farà o non farà. Sentirai il brano due volte. La prima volta, ascolta attentamente. La seconda volta, completa il brano con i verbi al futuro. Controlla le tue risposte con le soluzioni date in fondo al libro.

Ecco il brano.

La mia povera bambina! Sarà a Venezia? Avrà freddo? Mangerà abbastanza? Dormirà abbastanza? Avrà soldi a sufficienza? Scriverà le cartoline?

Ora sentirai di nuovo il brano.

B. Domande personali. Di' quando farai le seguenti cose. Rispondi con il verbo al futuro.

> ESEMPIO: *Senti e leggi:* Andrò al cinema se...
> *Dici:* Andrò al cinema se avrò tempo, soldi, eccetera.

1. Studierò quando...
2. Andrò a mangiare appena...
3. Pulirò l'appartamento se...
4. Potrò riposare dopo che...
5. Ti scriverò un'e-mail quando...

C. *Si* impersonale

A. Per cominciare. Sentirai un brano seguito da quattro frasi. Sentirai il brano due volte. La prima volta, ascolta attentamente. La seconda volta il brano sarà ripetuto con pause per la ripetizione. Poi ascolta le frasi e scegli, per ciascuna frase, **vero** o **falso.**

Ecco il brano.

Secondo Alberto, all'università si studia almeno sei ore al giorno e si frequentano tutte le lezioni. Non si esce mai il venerdì o il sabato sera, non si parla mai al telefono, non si usa mai la carta di credito e non si comprano mai vestiti e Cd. Si devono risparmiare i soldi per pagare le tasse. Sei d'accordo?

Ora sentirai di nuovo il brano.

Ecco le frasi.

1. Secondo Alberto, all'università si frequentano tutte le lezioni.
2. Secondo Alberto, non si esce il venerdì o il sabato quando si fa l'università.
3. Secondo Alberto, si parla spesso al telefono.
4. Secondo Alberto, si comprano spesso vestiti nuovi e Cd.

Le risposte sono: 1. vero   2. vero   3. falso   4. falso

B. Non si fa così. Rebecca fa i capricci. Dovrai dirle che certe cose si fanno o non si fanno. Usa il **si** impersonale. Ripeti la risposta.

      ESEMPIO: *Senti:* salutare la maestra
                  Dici: Si saluta la maestra.

1. non arrivare in ritardo a scuola / Non si arriva in ritardo a scuola.
2. ubbidire alla mamma / Si ubbidisce alla mamma.
3. fare i compiti / Si fanno i compiti.
4. andare a letto presto / Si va a letto presto.
5. non fare rumore quando la nonna dorme / Non si fa rumore quando la nonna dorme.

C. Cosa si è fatto in Italia? Sei appena tornato/tornata da un bel viaggio in Italia. Di' agli amici italiani all'università cosa hai fatto in Italia. Usa il **si** impersonale. Ripeti la risposta.

      ESEMPIO: *Senti:* andare all'università
                  Dici: Si è andati all'università.

1. bere tanto vino / Si è bevuto tanto vino.
2. fare amicizia con gli italiani / Si è fatta amicizia con gli italiani.
3. visitare tante città d'arte / Si sono visitate tante città d'arte.
4. andare a letto tardi la sera / Si è andati a letto tardi la sera.
5. mangiare benissimo / Si è mangiato benissimo.

D. Formazione dei nomi femminili

A. Per cominciare. Sentirai un dialogo due volte. La prima volta, ascolta attentamente. La seconda volta, completa il dialogo con i nomi femminili che mancano. Controlla le tue risposte con le soluzioni date in fondo al libro.

Ecco il dialogo.

CLAUDIO: Oggi al ricevimento dai Brambilla c'è un sacco di gente interessante.
MARINA: Ah sì? Chi c'è?
CLAUDIO: Il pittore Berardi con la moglie, pittrice anche lei; dicono che è più brava del marito... la professoressa di storia dell'arte Stoppato, il poeta Salimbeni con la moglie scultrice e un paio di scrittori...
MARINA: Che ambiente intellettuale! Ma i Brambilla cosa fanno?
CLAUDIO: Beh, lui è un grosso industriale tessile e lei è un'ex-attrice.

Ora sentirai di nuovo il dialogo.

B. Dal mondo femminile al mondo maschile... Di' la forma al maschile di ogni nome femminile. Ripeti la risposta.

> ESEMPIO: *Senti:* una regista famosa
> *Dici:* un regista famoso

1. una principessa affascinante / un principe affascinante
2. una cameriera ottima / un cameriere ottimo
3. una cantante straniera / un cantante straniero
4. una pittrice famosa / un pittore famoso
5. una collega antipatica / un collega antipatico
6. una moglie comprensiva / un marito comprensivo
7. una regina tollerante / un re tollerante
8. una regista conosciuta / un regista conosciuto
9. una sciatrice velocissima / uno sciatore velocissimo
10. una poetessa pessimista / un poeta pessimista

Pronuncia: The sounds of the letters "b" and "p"

A. *B* e doppia *b*. The letter **b** is pronounced as in the English word *boy*. Compare and contrast the single and double sounds of **b** in these pairs of words. Listen and repeat.

1. da basso / abbasso
2. abile / abbaiare
3. laboratorio / labbro
4. debole / ebbene

B. *P*. The sound of the letter **p** in Italian is similar to that in the English word *pen*, though without the aspiration or slight puff of air one hears in English. Listen carefully to these English and Italian words, then repeat the Italian word. Listen and repeat.

1. pizza / pizza
2. page / pagina
3. palate / palato
4. pope / papa
5. pepper / pepe

C. Doppia *p*. Compare and contrast the single and double sound of **p** in these pairs of words. Listen and repeat.

1. papa / pappa
2. capelli / cappelli
3. capi / cappi
4. rapito / rapporto

D. Parliamo italiano! Listen and repeat.

1. Paolo ha i capelli e i baffi bianchi.
2. Ho paura di guidare quando c'è la nebbia.
3. Non capisco perché ti arrabbi sempre.
4. Hai già buttato giù la pasta?
5. Giuseppe, stappa una bottiglia di vino buono!

 # Dialogo

Prima parte. Alessia e Sandra discute dei progetti di vacanza di Alessia.

Ascolta attentamente il dialogo.

ALESSIA: Finalmente in vacanza! Adesso, quello che voglio è solo una cosa… Riposarmi, stare al sole, tornare in pensione a mangiare e fare la doccia, tornare di nuovo sulla spiaggia, abbronzarmi…

SANDRA: Non solo una cosa, allora, …hai fatto una lista!

ALESSIA: Va bene, diciamo che la mia priorità sarà di riposarmi al sole. Sono così stanca della pioggia! Questo maggio volevo cambiare casa, andare al Sud. Quando mai si è visto il sole?

SANDRA: Ma come sei difficile, Alessia! A me il tempo fresco non dispiace.

ALESSIA: Tempo fresco, va bene; tempo piovoso, no, grazie.

SANDRA: Secondo le previsioni del tempo, domani sarà parzialmente nuvoloso e potrà anche piovere nel week-end, non è sicuro che ci sarà il sole questa settimana…

ALESSIA: Speriamo di no! Altrimenti, questa volta il mio oroscopo ha proprio ragione. «Ci saranno problemi associati con viaggi e spostamenti, che causeranno insoddisfazioni».

SANDRA: Ma Alessia! È l'oroscopo di un giornale! Mica ti fiderai?!! E poi è così generale… Questa vacanza non andrà male, non ti preoccupare.

ALESSIA: E chi ti ha detto che sono preoccupata? Se pioverà, pioverà, non c'è molto che posso fare… Almeno ci sono dei buoni ristoranti nella zona? Vuol dire che se pioverà o farà brutto tempo, passerò un po' di tempo al chiuso, a leggere giornali…

SANDRA: Oh sì, a leggere giornali… Oroscopi, vuoi dire, la tua lettura preferita! E poi avrai altre idee come quella di oggi, che le previsioni del tempo sono scritte nel tuo destino!

Seconda parte. Ascolta di nuovo il dialogo. Fai particolare attenzione al tempo previsto e alle attività di Alessia a seconda del tempo.

Terza parte. Sentirai due volte sei frasi basate sul dialogo. Segna, per ciascuna frase, **vero** o **falso.**

1. Durante le vacanze, Alessia vuole fare tante passeggiate.
2. Il tempo recentemente è stato brutto.
3. Le previsioni del tempo sono buone.
4. Alessia non crede al suo oroscopo.
5. Se pioverà durante le vacanze, Alessia starà al chiuso a leggere.
6. Sandra crede all'oroscopo.

Le risposte sono: 1. falso   2. vero   3. falso   4. falso   5. vero   6. falso

Ed ora ascoltiamo!

Sentirai un dialogo tra Tony e Cristina in cui discutono dei soldi da portare in viaggio. Puoi ascoltare il dialogo quante volte vuoi. Poi sentirai, due volte, sei frasi e dovrai segnare, per ciascuna frase, **vero** o **falso.**

CRISTINA: Tony, quanti soldi ti porti in Italia per il tuo viaggio?

TONY: Non tanti, ho deciso, ma non voglio avere troppi contanti. Userò la carta di credito quando posso.

CRISTINA: Guarda che in Italia non è facile pagare con la carta di credito come qui. Per l'albergo o per le spese più grandi la puoi usare, ma per le piccole spese devi avere i contanti. Puoi comunque prendere soldi con il bancomat.

TONY: Il bancomat è come la nostra *debit card* qui, vero? Ma non mi preoccupo, probabilmente non avrò bisogno di molti soldi. Starò con i miei cugini all'inizio e poi ho già pagato l'affitto di una casa in montagna. Scierò tutto il giorno e mangerò panini…

CRISTINA: Quanto tempo resterai in montagna?

TONY: Non molto, dal tredici al ventotto febbraio, ma sarà sufficiente per rilassarmi.

Ecco le frasi.

1. Tony avrà bisogno di molti soldi in Italia.
2. Tony dovrà usare spesso la carta di credito.
3. Tony dovrà andare in giro con i contanti.
4. Il bancomat italiano è come la carta di credito.
5. Tony starà dai parenti dal tredici al ventotto febbraio.
6. Tony ha affittato una casa in montagna.

Le risposte sono: 1. falso   2. falso   3. vero   4. falso   5. falso   6. vero

Dettato

Sentirai un breve dettato tre volte. La prima volta, ascolta attentamente. La seconda volta, il dettato sarà letto con pause tra le frasi. Scrivi quello che senti. La terza volta, correggi quello che hai scritto. Scrivi sulle righe date. Controlla il tuo dettato con le soluzioni date in fondo al libro.

Due coppie di amici hanno deciso che quest'anno passeranno le vacanze nel Sud d'Italia. Desiderano un posto tranquillo, con il mare pulito e le spiagge non affollate. Hanno scelto la costa Sud del mare Adriatico, le Puglie. Per molti anni Enrico e Zara hanno passato vacanze attive: viaggi in paesi lontani, avventure ed esotismo. Renato e Laura hanno sempre preferito cercare dei posti isolati e tranquilli dove potersi rilassare, lasciarsi trasportare dalle letture preferite, contemplare le bellezze naturali. Hanno sempre voluto le piccole comodità, il buon cibo e il buon vino invece di viaggi nei paesi lontani.

Sara in Italia

Sara è a Porto Cervo, sulla Costa Smeralda della Sardegna, ospite dell'avvocato Corradini. I signori Corradini hanno qui la seconda casa, mentre durante l'anno abitano in provincia di Firenze. Nei mesi estivi è di moda andare in Sardegna e i signori Corradini hanno anche comprato una bella barca per navigare attorno all'isola.

Ascolta attentamente il dialogo. Ascolta il dialogo quante volte vuoi. Poi, rispondi alle domande che senti. Sentirai ogni domanda due volte. Ripeti la risposta.

SIGNOR CORRADINI: Allora, Sara, domani andremo a fare una gita in barca qui vicino, all'Isola della Maddalena e a Caprera. Se farà bello potremo andare anche in Corsica, se vuoi.

SARA: Che bello! Mare, sole e viaggiare! Grazie davvero dell'opportunità e dell'ospitalità. Spero solo che la barca non mi farà male. Sono famosa per sentirmi male... A che ora partiremo?

SIGNOR CORRADINI: Che dici di andare via verso le otto? Così potremo passare tutto il giorno a vedere le coste sarde quando il sole non sarà troppo caldo...

SARA: Benissimo, mi deve solo promettere che quando saremo al largo mi darà tempo per fare il bagno; questo mare è così trasparente e non vedo l'ora di nuotare lontana dalla folla! Per questo, anche quando vado a Jones Beach a Long Island cerco di andare quando non ci sono troppe persone...

SIGNOR CORRADINI: Non ti preoccupare, viene anche Lucia, e anche a lei piace rilassarsi in mezzo al mare per un po'... Comunque, se ci alzeremo a un'ora decente, potremo andare senz'altro anche a visitare il Museo Nazionale Garibaldino a Caprera e se ci rimarrà tempo continueremo verso la Corsica, ok?

SARA: Ok! Avevo dimenticato che Garibaldi ha abitato qui! Ho sempre visto la statua a Washington Square Park a New York, conosco la sua storia, e sono davvero curiosa di visitare la sua casa!

Ecco le domande.

1.	Che cosa faranno Sara e i signori Corradini domani?	Faranno una gita in barca.
2.	Che cosa spera Sara?	Spera che la barca non le farà male.
3.	A che ora partiranno?	Partiranno verso le otto.
4.	Che cosa vorrà fare Sara al largo?	Sara vorrà fare il bagno.
5.	Che cosa faranno se ci sarà tempo per un'altra visita?	Andranno in Corsica.

CAPITOLO 11

Quanto ne vuoi?

 ## Vocabolario preliminare

A. Per cominciare. Sentirai un dialogo due volte. La prima volta, ascolta attentamente. La seconda volta, il dialogo sarà ripetuto con pause per la ripetizione.

Ora sentirai il dialogo.

SILVANA: Sono andata in centro a fare le spese l'altro giorno. C'erano un sacco di sconti nelle boutique e allora non ho resistito…
GIOVANNA: Cos'hai comprato?
SILVANA: Volevo un paio di scarpe eleganti e comode, come quelle che hai tu.
GIOVANNA: Dove le hai trovate?
SILVANA: In Via Montenapoleone: un vero affare, solo 100 euro.
GIOVANNA: Io invece le ho comprate al mercato: 50 euro!

Ora sentirai di nuovo il dialogo con pause per la ripetizione.

B. Dove lo comprano? Guarda i disegni e di' dove e da chi queste persone fanno la spesa. Ripeti la risposta.

ESEMPIO: *Senti:* Dove comprano le paste le ragazze?
Dici: Le comprano in una pasticceria, dalla pasticciera.

1. Dove compra il pesce Mara? / Lo compra in una pescheria, dal pescivendolo.
2. Dove comprano la frutta i ragazzi? / La comprano in un negozio di frutta e verdura, dal fruttivendolo.
3. Dove compra i panini la signora Muti? / Li compra in una panetteria, dalla panettiera.
4. Dove comprano il gelato i signori Bruni? / Lo comprano in una gelateria, dal gelataio.
5. Dove compra la carne Marco? / La compra in una macelleria, dal macellaio.

C. Dove siamo? Sentirai, per due volte, due dialoghi. Ascolta i dialoghi e di' dove hanno luogo.

1. Ecco il primo dialogo.

SIGNORA: Un chilo di pane, una focaccia al rosmarino, due etti di salame, un chilo di tortellini freschi e questo litro di latte.
VENDITORE: Desidera altro?
SIGNORA: No, basta così, grazie.

Ora sentirai di nuovo il dialogo.

Ora scegli il tipo di negozio.

 2. Ecco il secondo dialogo.

SIGNORA: Limone e fragola, grazie.
VENDITORE: Nel cono o nella coppetta?
SIGNORA: Nel cono.
VENDITORE: E per Lei?
SIGNORE: Per me tutto mango, nel cono.

Ora sentirai di nuovo il dialogo.

Ora scegli il tipo di negozio.

Le risposte sono: 1. a 2. a

In ascolto

Un po' di spesa. Sentirai tre brevi dialoghi. Indica il negozio corrispondente ad ogni dialogo e scrivi le informazioni che mancano: che cose compra il/la cliente e quanto costa.

 1. LATTAIA: Buon giorno, signore. Desidera?
   SIGNORE: Vorrei due etti di burro, un litro di latte, e tre yogurt alla vaniglia.
   LATTAIA: Altro?
   SIGNORA: Va bene così.
   LATTAIA: Allora, sono cinque euro e ottanta.
 2. MACELLAIO: Signora, mi dica!
   SIGNORA: Mi dia per favore tre etti di prosciutto crudo, un etto di prosciutto cotto, e due etti di salame.
   MACELLAIO: Poi?
   SIGNORA: Ho bisogno di un piccolo arrosto di vitello, per tre persone.
   MACELLAIO: Questo è un po' più di un chilo ed è di ottima qualità.
   SIGNORA: Va bene, mi dia quello.
   MACELLAIO: Ha bisogno di qualcos'altro?
   SIGNORA: No, grazie, basta così.
   MACELLAIO: Allora, il tutto fa diciannove euro. Si accomodi alla cassa.
 3. FRUTTIVENDOLA: Buon giorno!
   SIGNORE: Buon giorno, Maria. Come va?
   FRUTTIVENDOLA: Molto bene, grazie. Che cosa desidera oggi?
   SIGNORE: Sono freschi i pomodori?
   FRUTTIVENDOLA: Sì, signore, sono appena arrivati dalla Calabria e sono freschissimi.
   SIGNORE: Allora prendo un chilo di pomodori e un chilo e mezzo di mele.
   FRUTTIVENDOLA: E poi?
   SIGNORE: Che belle pere! Quanto vengono?
   FRUTTIVENDOLA: Quattro euro e cinquanta al chilo.
   SIGNORE: Allora mi dia mezzo chilo di pere e mezzo chilo di arance.
   FRUTTIVENDOLA: Va bene. Queste arance sono molto profumate e fanno delle spremute deliziose! Altro?
   SIGNORE: Va bene così.
   FRUTTIVENDOLA: Allora sono undici euro e venticinque.

 # Grammatica

A. Usi di *ne*

A. Per cominciare. Sentirai un dialogo seguito da tre domande. Sentirai il dialogo due volte. La prima volta, ascolta attentamente. La seconda volta, il dialogo sarà ripetuto con pause per la ripetizione. Scegli poi le risposte giuste alle domande che senti.

Ecco il dialogo.

MAMMA: Marta, per favore mi compri il pane?
MARTA: Volentieri! Quanto ne vuoi?
MAMMA: Un chilo. Ah sì, ho bisogno anche di prosciutto cotto.
MARTA: Ne prendo due etti?
MAMMA: Puoi prenderne anche quattro: tu e papà ne mangiate sempre tanto!
MARTA: Hai bisogno d'altro?
MAMMA: No, grazie, per il resto andrò io al supermercato domani.

Ora sentirai di nuovo il dialogo con pause per la ripetizione.

Ora sentirai le domande.

1. Quanti chili di pane deve prendere Marta?
2. Quanti etti di prosciutto cotto deve prendere Marta?
3. Ha bisogno di altre cose la mamma di Marta?

Le risposte sono: 1. a   2. b   3. b

B. Quanti? Il tuo compagno di casa è stato via due settimane e ha tante domande da farti al suo ritorno. Rispondi alle sue domande secondo i suggerimenti. Ripeti la risposta.

> ESEMPIO: *Senti:* Quanti film hai visto?
> *Leggi:* tre
> *Dici:* Ne ho visti tre.

1. Quante lettere hai ricevuto? / Ne ho ricevute due.
2. Quanti amici hai incontrato? / Ne ho incontrati molti.
3. Quanti soldi hai speso? / Ne ho spesi pochi.
4. Quanti dolci hai mangiato? / Ne ho mangiati tanti.
5. Quante lezioni hai studiato? / Ne ho studiate quattro.
6. Quanto pane hai comprato? / Ne ho comprato un po'.

C. Domande personali. Rispondi alle seguenti domande. Usa **ne** nella tua risposta.

1. Quanti anni hai?
2. Hai paura degli esami d'italiano?
3. Leggi molti libri?
4. Vedi molti film al cinema o in DVD?
5. Mangi molto pane a pranzo e a cena?

B. Usi di *ci*

A. Per cominciare. Sentirai un dialogo due volte. La prima volta, ascolta attentamente. La seconda volta, il dialogo sarà ripetuto con pause per la ripetizione.

Ecco il dialogo.

PAOLO: Rocco, vieni al cinema con noi domani sera?
ROCCO: No, non ci vengo.
PAOLO: Vieni allo zoo lunedì?
ROCCO: No, non ci vengo.
PAOLO: Vieni in discoteca venerdì sera? Facciamo una festa in onore di Giacomo che ritorna dagli Stati Uniti.
ROCCO: No, non ci vengo.
PAOLO: Ma perché non esci con noi questa settimana? Usciamo sempre insieme.
ROCCO: Vado in vacanza con Maddalena. Andiamo alle Bahamas.
PAOLO: Beh, potevi dirmelo anche prima!

Ora sentirai di nuovo il dialogo con pause per la ripetizione.

B. Altre domande personali... Rispondi alle domande secondo la tua esperienza personale. Usa **ne** o **ci** nella tua risposta. Poi sentirai due risposte possibili. Ripeti la risposta adatta a te.

Ecco le domande.

1. Credi di poterti laureare in quattro anni? / Sì, ci credo. No, non ci credo.
2. Hai paura di prendere un brutto voto agli esami? / Sì, ne ho paura. No, non ne ho paura.
3. Passi molto tempo davanti al computer? / Sì, ci passo molto tempo. No, non ci passo molto tempo.
4. Hai bisogno di dormire molto ogni sera? / Sì, ne ho bisogno. No, non ne ho bisogno.
5. Vai spesso alle partite di football dell'università? / Sì, ci vado spesso. No, non ci vado spesso.
6. Sarai presente alla tua cerimonia di laurea? / Sì, ci sarò. No, non ci sarò.

C. Pronomi doppi

A. Per cominciare. Sentirai un dialogo due volte. La prima volta, ascolta attentamente. La seconda volta, completa il dialogo con le parole che mancano. Controlla le tue risposte con le soluzioni date in fondo al libro.

Ecco il dialogo.

COMMESSA: Allora, signora, ha provato la gonna e la camicetta? Come le stanno?
CLIENTE: La gonna è troppo stretta, ma la camicetta va bene. La prendo.
COMMESSA: Gliela incarto?
CLIENTE: No; me la può mettere da parte? Ora vado a fare la spesa e poi passerò a prenderla quando tornerò a casa.
COMMESSA: Va bene, signora, gliela metto qui, dietro al banco.

Ora sentirai di nuovo il dialogo.

B. **Di che cosa parliamo?** Sentirai, per due volte, sei frasi con pronomi doppi. Dovrai scegliere a quale delle tre frasi scritte si riferisce ogni frase che senti.

> ESEMPIO: *Senti:* glielo do
> *Leggi:* a. Do a lui i libri.   b. Do a lei i libri.   c. Do a lui o a lei il libro.
> *Scegli:* c

1. Ve li compriamo.
2. Gliele regalo.
3. Te la diamo.
4. Glielo faccio.
5. Ve lo presto.
6. Gliene parlo.

Le risposte sono: 1. c   2. b   3. b   4. c   5. a   6. c

C. **Oggi no.** Ti chiedono tutti dei piaceri, ma oggi non hai tempo e gli rispondi di no. Ripeti la risposta.

> ESEMPIO: *Senti:* Puoi comprare il pane ai vicini?
> *Dici:* Mi dispiace; oggi non glielo posso comprare.

1. Puoi portare i libri a Maria? / Mi dispiace; oggi non glieli posso portare.
2. Puoi presentare le ragazze a Marco? / Mi dispiace; oggi non gliele posso presentare.
3. Puoi fare i ravioli per me? / Mi dispiace; oggi non te li posso fare.
4. Ci puoi prestare la macchina? / Mi dispiace; oggi non ve la posso prestare.
5. Mi puoi dare dei soldi? / Mi dispiace; oggi non te ne posso dare.

D. Imperativo (*tu, noi, voi*)

A. **Per cominciare.** Sentirai un brano due volte. La prima volta, ascolta attentamente. La seconda volta, completa il brano con i verbi all'imperativo che mancano. Controlla le tue risposte con le soluzioni date in fondo al libro.

Ecco il brano.

Consigli di una giornalista ad un'adolescente in crisi
Soprattutto non andare via di casa. Studia invece, fatti tanti amici, trova il modo di capire perché a tua madre quest'uomo piace, perché ha avuto bisogno di lui. Ti troverai meglio.

Ora sentirai di nuovo il brano.

B. **Professore per un giorno…** Immagina di fare il professore e da' istruzioni ai tuoi studenti, secondo i suggerimenti. Ripeti la risposta.

> ESEMPIO: *Senti:* fare l'esercizio
> *Dici:* Fate l'esercizio!

1. andare alla lavagna / Andate alla lavagna!
2. aprire il libro / Aprite il libro!
3. chiudere il libro / Chiudete il libro!
4. ascoltare / Ascoltate!
5. scrivere l'esercizio / Scrivete l'esercizio!
6. rispondere in coro / Rispondete in coro!
7. fare i compiti a casa / Fate i compiti a casa!
8. ripetere con me / Ripetete con me!

C. Baby-sitter autoritari... Fai la baby-sitter a Marisa e a Stefano. Dovrai dirgli cosa devono fare o non fare. Ripeti la risposta.

> ESEMPIO: *Leggi:* stare zitto
> *Senti:* Marisa e Stefano
> *Dici:* State zitti!

1. Marisa / Abbi pazienza!
2. Stefano / Va' in cucina!
3. Marisa e Stefano / Non scrivete sul muro!
4. Marisa e Stefano / Pulite il tavolo!
5. Marisa e Stefano / Non mangiate la torta!
6. Marisa / Sii buona!

D. Ospiti. Hai due ospiti in casa. Quando ti chiedono se possono fare qualcosa, rispondi in modo affermativo. Usa **pure** e i pronomi di oggetto nella tua risposta. Ripeti la risposta.

> ESEMPIO: *Senti:* Possiamo leggere la rivista?
> *Dici:* Sì, leggetela pure!

1. Possiamo guardare la televisione? / Sì guardatela pure!
2. Possiamo cambiare il programma? / Sì, cambiatelo pure!
3. Possiamo mangiare i popcorn? / Sì, mangiateli pure!
4. Possiamo bere il tè freddo? / Sì, bevetelo pure!
5. Possiamo andare a dormire? / Sì, andateci pure!

Pronuncia: The sounds of the letters "f" and "v"

A. *F* e *f* doppia. The letter **f** is pronounced as in the English word *fine*. Compare and contrast the single and double sound of **f**. Listen and repeat.

1. da fare / daffare
2. tufo / tuffo
3. befana / beffare
4. difesa / piffero
5. gufo / ciuffo

B. *V* e doppia *v*. The letter **v** is pronounced as in the English word *vine*. Compare and contrast the single and double **v** sound in these pairs of words. Listen and repeat.

1. piove / piovve
2. bevi / bevvi
3. evidenza / evviva
4. ovest / ovvio
5. dove / ovvero

C. Parliamo italiano! Listen and repeat.

1. Servo il caffè all'avvocato.
2. È vero che vanno in ufficio alle nove?
3. Pioveva e faceva freddo.
4. L'imperfetto dei verbi irregolari non è difficile.
5. Vittoria aveva davvero fretta.
6. Dove vendono questo profumo?

Dialogo

Prima parte. Silvana e Giovanna sono a Milano, in una via con negozi molto chic.

Ascolta attentamente il dialogo.

SILVANA: Guarda che bella giacca, chissà quanto costa: è di Armani!

GIOVANNA: Beh, quanto costa puoi immaginartelo facilmente, siamo in Via Montenapoleone!

SILVANA: Dai, entriamo lo stesso! Se ci pensi bene, ci sono sempre svendite in questi negozi.

GIOVANNA: Cosa? Non siamo ai grandi magazzini! Fattelo dire dal commesso, subito, quanto costa quel vestito, così non perdi tempo a mettertelo addosso… Vedi, non ci sono nemmeno i prezzi in vetrina, questo è un buon segno.

SILVANA: Macchè! Provare un vestito è sempre meglio che vederlo in vetrina e non costa niente…

(Silvana entra nel negozio).

COMMESSO: Buon giorno, in cosa posso servirLa?

SILVANA: Ha una taglia quarantaquattro di quella giacca blu in vetrina?

COMMESSO: Penso di sì… Un momento, gliela porto subito. Eccola.

(Silvana va nel camerino a provare la giacca).

COMMESSO: Come va?

SILVANA: Credo bene, ha proprio una bella linea. Ma non sono sicura di questo colore…

COMMESSO: Se vuole, gliene porto un'altra di un altro colore, che ne dice del nero o del grigio scuro?

SILVANA: No, mi piaceva il blu, in vetrina, ma adesso che me la sono provata, il colore non va, ma grazie lo stesso… A proposito, quanto costa?

COMMESSO: Sono solo duecento euro. Ce ne sono altre simili, in altri colori…

SILVANA: Non importa, grazie, mi interessava proprio questa. ArrivederLa.

COMMESSO: ArrivederLa.

(Silvana esce dal negozio).

GIOVANNA: Allora, che facevi dentro? Ci sei stata quasi mezz'ora! C'erano sconti?

SILVANA: Ma di che sconti parli? Avevi ragione, gli affari si fanno solo ai grandi magazzini!

Seconda parte. Ascolta di nuovo il dialogo. Fai particolare attenzione a cosa dicono Silvana e Giovanna sugli affari, i prezzi e la giacca che Silvana vuole provare.

Terza parte. Sentirai due volte sei frasi basate sul dialogo. Segna, per ciascuna frase, **vero** o **falso.**

1. Secondo Silvana, è possibile fare affari anche nei negozi chic di Via Montenapoleone.
2. Secondo Giovanna, quando non ci sono prezzi in vetrina è un segno di prezzi cari.
3. Silvana entra per provare una giacca blu.
4. A Silvana piace la giacca, la vuole comprare.
5. Il commesso dice che ci sono giacche simili, in altri colori.
6. Alla fine anche Silvana è d'accordo con Giovanna: gli sconti ci sono solo ai grandi magazzini.

Le risposte sono: 1. vero   2. vero   3. vero   4. falso   5. vero   6. vero

Ed ora ascoltiamo!

Sentirai tre conversazioni ai grandi magazzini. Puoi ascoltare il dialogo quante volte vuoi. Cosa vogliono comprare queste persone? Di che colore? Di che taglia? Inserisci nella tabella le informazioni che senti. Controlla le tue risposte con le soluzioni date in fondo al libro.

Cliente A

COMMESSO: Buon giorno. In cosa posso servirLa?
SIGNORE: Ho bisogno di una giacca leggera per l'estate.
COMMESSO: Che taglia porta, signore?
SIGNORE: La cinquanta.
COMMESSO: Che colore preferisce?
SIGNORE: Bianco o grigio.

Cliente B

COMMESSO: Signora, buon giorno.
SIGNORA: Buon giorno. Quanto costa quel maglione rosso?
COMMESSO: Costa cinquantasei euro, signora. Che taglia ha?
SIGNORA: La trentotto, mi sembra. Non sono sicura, forse la quaranta.
COMMESSO: Un attimo… guardo se c'è.

Cliente C

COMMESSO: Buon giorno, signorina. Ha bisogno di qualcosa?
SIGNORINA: Sì, vorrei regalare quel cappello marrone a mio padre per il suo compleanno.
COMMESSO: Benissimo! Che misura di cappello porta?
SIGNORINA: Non lo so di sicuro ma ha una testa piuttosto grossa.
COMMESSO: Proviamo questo 48. Se non va bene lo cambiamo.

 # Dettato

Sentirai un breve dettato tre volte. La prima volta, ascolta attentamente. La seconda volta, il dettato sarà letto con pause tra le frasi. Scrivi quello che senti. La terza volta, correggi quello che hai scritto. Scrivi sulle righe date. Controlla il tuo dettato con le soluzioni date in fondo al libro.

Giovanna e Silvana sono in giro per la città per fare spese. Oltre alla spesa per il week-end le due amiche vogliono fare un giro per i negozi del centro e per i grandi magazzini alla ricerca di qualche affare. I negozi di abbigliamento di alta moda sono sempre molto cari ma nei grandi magazzini è possibile trovare delle svendite. Al mercato all'aperto, poi, non è difficile trovare dei buoni affari. Girare per le bancarelle di un grande mercato è piacevole e interessante. C'è di tutto: frutta, verdura, formaggi e salumi da una parte e dall'altra vestiti, scarpe e tutti gli oggetti utili per la casa.

Sara in Italia

Sara è a Milano, capitale economica d'Italia e centro della moda e dell'editoria. Ha visitato il Duomo e il Teatro alla Scala e adesso è nella Galleria Vittorio Emanuele II a prendere un caffè. Deve incontrare il suo amico Matteo, ma Matteo non è ancora arrivato. Lo chiama allora al cellulare.

Ascolta attentamente il dialogo. Ascolta il dialogo quante volte vuoi. Poi, rispondi alle domande che senti. Sentirai ogni domanda due volte. Ripeti la risposta.

SARA: Pronto? Matteo? Ma dove sei?

MATTEO: Sara? Scusa, ma non dovevamo incontrarci in Via Montenapoleone? Ci sono già da mezz'ora!

SARA: Mi dispiace, sono in Galleria, invece. Ci sono degli autobus che vengono lì?

MATTEO: Non sono sicuro quale numero puoi prendere. Lo puoi chiedere al cameriere? Forse lui lo sa.

SARA: Va bene, glielo chiedo subito.

MATTEO: Io sono davanti al negozio di Versace, hanno dei saldi che forse ti interessano.

SARA: Non credo, m'interessano di più Valentino e le borse di Gucci.

MATTEO: Ok, appena arrivi allora cerchiamo quello che ti interessa, ma hai soldi per queste spese?

SARA: Non so se posso comprare dei vestiti firmati, ma almeno voglio vedere i prezzi. Ho bisogno di una bella borsa di pelle e sono sicura che Gucci ne ha di tutti i prezzi.

MATTEO: Mah, non sono poi tanto sicuro. Una volta, con la lira e il dollaro era più facile per voi americani, ma adesso, con l'euro i prezzi sono tutti aumentati.

SARA: Vedremo, se non trovo niente cercheremo un mercatino...

MATTEO: Ah, troverai Gucci e Versace anche lì, solo che saranno imitazioni!

SARA: Se sono buone imitazioni, non ho nessun problema a comprarle!

Ecco le domande.

1. Dov'è Matteo adesso?   È in Via Montenapoleone.
2. A chi può chiedere informazioni sugli autobus per Via Montenapoleone Sara?   Può chiederle al cameriere.
3. Che cosa vuole comprare Sara?   Vuole comprare una borsa di Gucci.
4. Di che cosa è sicura Sara?   È sicura che Gucci ha borse di tutti i prezzi.
5. Che cosa è successo adesso che c'è l'euro al posto della lira?   Tutti i prezzi sono aumentati.

CAPITOLO 12

Cercasi casa

 ## *Vocabolario preliminare*

A. Per cominciare. Sentirai un dialogo due volte. La prima volta, ascolta attentamente. La seconda volta, completa il dialogo con le parole che mancano. Controlla le tue risposte con le soluzioni date in fondo al libro.

Ecco il dialogo.

ANTONELLA: Ho saputo che vi sposate tra due settimane!
PATRIZIA: Eh sì, è quasi tutto pronto, ma ci manca solo la casa…
ANTONELLA: La casa!? E dove andate a abitare?
MASSIMO: Dai miei genitori… Non è la migliore soluzione ma, come sai, trovare casa oggi è quasi impossibile: costa troppo!
PATRIZIA: E loro hanno una casa di cinque stanze, con due bagni.
ANTONELLA: E le camere da letto?
MASSIMO: Ce ne sono tre: due matrimoniali e una singola, per l'eventuale nipote, come dicono loro…

Ora sentirai di nuovo il dialogo.

B. La casa e l'affitto… Sentirai, per due volte, un dialogo tra Carmela e Pina, seguito da tre frasi. La prima volta, ascolta attentamente. La seconda volta, il dialogo sarà ripetuto con pause per la ripetizione. Poi sentirai le tre frasi due volte e dovrai segnare **vero** o **falso.**

Ecco il dialogo.

CARMELA: Allora, hai trovato casa?
PINA: Sì, l'ho trovata, ma adesso devo trovare un secondo lavoro per pagare l'affitto!
CARMELA: E meno male che non abitiamo in una città come New York! Ho appena parlato con il mio amico Marco, che si è appena trasferito a New York, e che mi ha detto che gli affitti lì sono tre volte quelli di Milano, per un appartamento di due stanze!
PINA: Ma sono sicura che anche lo stipendio di questo tuo amico sarà adeguato al costo degli appartamenti!

Ora sentirai di nuovo il dialogo con pause per la ripetizione.

Ecco le frasi.

1. Pina ha trovato un appartamento con un affitto molto economico.
2. Gli affitti a New York paragonati a quelli di Milano sono due volte più costosi.
3. Pina è sicura che gli stipendi a New York sono adeguati.

Le risposte sono: 1. falso   2. falso   3. vero

C. Parliamo della casa. Guarda il disegno, poi scrivi le risposte alle domande che senti. Controlla le tue risposte con le soluzioni date in fondo al libro.

> ESEMPIO: *Senti:* Dove lascia la bici Sara? Al pianterreno o al primo piano?
> *Scrivi:*

1. È una villetta o un palazzo questo?
2. La signora Mauri usa le scale o l'ascensore?
3. Il signor Mauri lascia la macchina in garage o nella strada?
4. L'appartamento dei Costa è al secondo o al terzo piano?
5. Il giardino è a destra o a sinistra del palazzo?

D. Arrediamo la nuova casa. Sentirai sei frasi e dovrai indovinare a quale oggetto si riferisce ogni frase. Ripeti la risposta.

> ESEMPIO: *Senti:* Mettiamolo nel bagno.
> *Dici:* lo specchio

1. Mettiamola nel ripostiglio. / la lavatrice
2. Mettiamola in cucina. / la lavastoviglie
3. Mettiamole in sala da pranzo. / le sedie
4. Mettiamolo in soggiorno. / il divano
5. Mettiamola nello studio. / la scrivania
6. Mettiamolo in camera da letto. / l'armadio

In ascolto

La prima casa. Carla cerca un appartamento per le e per un'altra studentessa. Risponde per telefono a un annuncio sul giornale. Ascolta con attenzione la sua conversazione con il padrone e decidi se le seguenti affermazioni sono vere o false. Poi, correggi le affermazioni false.

SIGNOR PINI: Pronto?

CARLA: Buon giorno. C'è il signor Pini, per favore?

SIGNOR PINI: Sono io. Chi parla?

CARLA: Mi chiamo Carla Rossi, telefono per l'annuncio sul giornale, per l'appartamento di tre stanze in Via Manzoni. È ancora disponibile?

SIGNOR PINI: Sì. Non l'abbiamo ancora affittato, ma molte persone se ne interessano.

CARLA: Ci sono due camere da letto?

SIGNOR PINI: Sì. È un appartamento con due camere da letto, un soggiorno piuttosto grande, più il bagno e la cucina. È al terzo piano, con un balcone che dà sul giardino dietro il palazzo.

CARLA: C'è l'ascensore?

SIGNOR PINI: No, mi dispiace, non è un palazzo moderno. Ma il trasloco non è un problema, le scale e le finestre sono molto larghe. Vuole venire a vederlo?

CARLA: Sì, certo. Fissiamo un appuntamento?

SIGNOR PINI: Va bene, diamoci appuntamento per domani sera alle sei, al numero 102.

CARLA: A domani allora. Grazie e arrivederLa.

SIGNOR PINI: ArrivederLa.

A. Aggettivi indefiniti

A. Per cominciare. Sentirai un dialogo due volte. La prima volta, ascolta attentamente. La seconda volta, completa il dialogo con le parole che mancano. Controlla le tue risposte con le soluzioni date in fondo al libro.

Ecco il dialogo.

PAOLA: Ciao, Claudia! Ho sentito che hai cambiato casa. Dove abiti adesso?

CLAUDIA: Prima vivevo in un appartamentino in centro, ma c'era troppo traffico e troppo rumore; così sono andata a vivere in campagna. Ho trovato una casetta che è un amore... È tutta in pietra, ha un orto enorme e qualche albero da frutta.

PAOLA: Sono contenta per te! Sai cosa ti dico? Alcune persone nascono fortunate!

Ora sentirai di nuovo il dialogo.

B. Conformisti. Guarda i disegni e di' cosa fanno tutti i soggetti rappresentati. Segui i suggerimenti e usa **tutti** o **tutte** nelle tue risposte. Ripeti la risposta.

ESEMPIO: *Senti:* ragazzi
Leggi: correre
Dici: Tutti i ragazzi corrono.

1. gatti / Tutti i gatti dormono.
2. signore / Tutte le signore cucinano.
3. studenti / Tutti gli studenti cambiano casa.
4. ragazzi / Tutti i ragazzi sistemano i mobili.

C. Agenzia immobiliare Piagenti. Sentirai la pubblicità per l'agenzia immobiliare Piagenti due volte. La prima volta, ascolta attentamente. La seconda volta, prendi appunti su quello che hai sentito. Poi ferma la registrazione e completa le frasi con gli aggettivi indefiniti appropriati. Controlla le tue risposte con le soluzioni date in fondo al libro.

Ecco la pubblicità.

... Cercate casa? Cercate una casa qualunque? Ecco, in questo caso noi della Piagenti non siamo l'agenzia immobiliare che fa per voi. Ma se cercate invece una casa particolare, con alcune, precise caratteristiche, noi siamo qua per darvi una mano. Una casa con tutti i comfort, una casa con aria condizionata in ogni stanza, due bagni in ogni appartamento, e talvolta anche con giardino e orto... Siamo aperti tutti i giorni dalle 9 alle 17, domenica compresa...

Ora sentirai di nuovo la pubblicità.

Ora ferma la registrazione e completa le frasi.

B. Pronomi indefiniti

A. Per cominciare. Sentirai una frase due volte. La prima volta, ascolta attentamente. La seconda volta, la frase sarà ripetuta con pause per la ripetizione.

Lassù in cielo, qualcuno deve aver lasciato aperto il frigorifero...

B. Che cos'è? Un tuo compagno di classe non ha studiato per l'esame d'italiano e ti chiede il significato di tutti i vocaboli. Rispondi e usa **qualcuno** o **qualcosa** insieme alle informazioni date. Ripeti la risposta.

> ESEMPIO: *Senti:* E il lattaio?
> *Leggi:* vende il latte
> *Dici:* È qualcuno che vende il latte.

1. E lo yogurt? / È qualcosa che mangiamo a colazione.
2. E la verdura? / È qualcosa che si mangia.
3. E il fruttivendolo? / È qualcuno che vende la frutta.
4. E la commessa? / È qualcuna che lavora in un negozio.
5. E il vino? / È qualcosa che si beve.
6. E il panettiere? / È qualcuno che fa il pane.

C. Problemi di casa. Sentirai cinque brevi scambi sui problemi di casa di Giulia, Marta e Cinzia, seguiti da domande. Rispondi ad ogni domanda con i pronomi indefiniti appropriati. Ripeti la risposta.

1. PAOLO: Giulia, non avete un appartamento?
   GIULIA: Io sì, ma Marta e Cinzia hanno solo una camera.

   Chi ha solo una camera: tutte le ragazze o alcune ragazze? / Alcune ragazze.

2. PAOLO: Perché cerchi casa allora?
   GIULIA: Il mio appartamento è molto brutto e pieno di topi.

   Giulia cerca qualcosa di più grande o qualcosa di più bello? / Qualcosa di più bello.

3. PAOLO: C'è altro?
   GIULIA: Sì, abbiamo tutte troppi libri e troppi vestiti.

   Chi ha bisogno di più spazio: solo Giulia o tutte le ragazze? / Tutte le ragazze.

4. PAOLO: Dove andate allora, in centro?
   GIULIA: No, non possiamo: tutti gli appartamenti sono costosissimi!

   Secondo Giulia, costano troppo in centro tutti gli appartamenti o solo qualche appartamento? / Tutti gli appartamenti.

5. PAOLO: Allora andate in Via Verdi. Pagate meno lì?
   GIULIA: No, paghiamo di più ma stiamo molto più comode.

   Chi deve pagare di più: alcune ragazze o tutte le ragazze? / Tutte le ragazze.

C. Negativi

A. Per cominciare. Sentirai un dialogo due volte. La prima volta, ascolta attentamente. La seconda volta, il dialogo sarà ripetuto con pause per la ripetizione.

Ecco il dialogo.

MARITO: Sento un rumore in cantina: ci sarà qualcuno, cara...
MOGLIE: Ma no, non c'è nessuno: saranno i topi!

MARITO: Ma che dici? Non abbiamo mai avuto topi in questa casa. Vado a vedere.

              …

MOGLIE: Ebbene?

MARITO: Ho guardato dappertutto ma non ho visto niente di strano.

MOGLIE: Meno male!

Ora sentirai di nuovo il dialogo con pause per la ripetizione.

B. Arrivano le ragazze! Franco è contento di conoscere le tue amiche italiane che arrivano oggi. Rispondi alle sue domande negativamente. Ripeti la risposta.

> ESEMPIO: *Senti:* Sono già arrivate?
>   *Dici:* No, non sono ancora arrivate.

1. Vengono con qualcuno? / No, non vengono con nessuno.
2. Vanno qualche volta in bici? / No, non vanno mai in bici.
3. Hanno già visitato il museo? / No, non hanno ancora visitato il museo.
4. Portano qualcosa da mangiare? / No, non portano niente da mangiare.
5. Frequentano ancora l'università? / No, non frequentano più l'università.

C. Che dire? Sentirai cinque frasi due volte. Scegli, fra le seguenti coppie di frasi, quella che si collega meglio alla frase che hai sentito.

Ecco le frasi.

1. Non mi piacciono nè Mara nè Teresa.
2. Non ho ancora finito di leggere il libro. Chissà come va a finire!
3. Non ho chiamato nessuno per uscire stasera.
4. Non è arrivato neanche il giornale.
5. Non ho fatto niente ieri sera.

Le risposte sono: 1. a 2. a 3. a 4. b 5. a

D. Imperativo (*Lei, Loro*)

A. Per cominciare. Sentirai un dialogo due volte. La prima volta, ascolta attentamente. La seconda volta, completa il dialogo con i verbi all'imperativo che mancano. Controlla le tue risposte con le soluzioni date in fondo al libro.

Ecco il dialogo.

SEGRETARIA: Dottoressa, il signor Biondi ha bisogno urgente di parlarLe: ha già telefonato tre volte.

DOTTORESSA MANCINI: Che seccatore! Gli telefoni Lei, signorina, e gli dica che sono già partita per Chicago.

SEGRETARIA: Pronto!… Signor Biondi?… Mi dispiace, la dottoressa è partita per un congresso a Chicago… Come dice?… L'indirizzo? Veramente, non glielo so dire: abbia pazienza e richiami tra dieci giorni!

Ora sentirai di nuovo il dialogo.

B. Prego! Di' al tuo professore di fare le seguenti cose, se vuole. Ripeti la risposta.

> ESEMPIO: *Senti:* entrare
> *Dici:* Se vuole entrare, entri!

1. aspettare / Se vuole aspettare, aspetti!
2. guardare / Se vuole guardare, guardi!
3. rispondere / Se vuole rispondere, risponda!
4. partire / Se vuole partire, parta!
5. finire / Se vuole finire, finisca!

C. Professori. Di' a due tuoi professori di non fare le seguenti cose se non possono. Ripeti la risposta.

> ESEMPIO: *Senti:* pagare
> *Dici:* Se non possono pagare, non paghino!

1. correre / Se non possono correre, non corrano!
2. parlare / Se non possono parlare, non parlino!
3. scrivere / Se non possono scrivere, non scrivano!
4. accettare / Se non possono accettare, non accettino!
5. stare / Se non possono stare, non stiano!

Pronuncia: The sounds of the letter "t"

The Italian sound [t] is similar to the *t* in the English word *top*, though it lacks the aspiration (the slight puff of air) that characterizes the English *t* at the beginning of a word. To pronounce **t** in Italian, place the tip of the tongue against the back of the upper teeth, but a bit lower than for the similar sound in English.

A. *T.* Compare and contrast the sounds of the English *t* and the Italian **t**. Listen to the English words, then repeat the Italian ones. Listen and repeat.

1. tempo / tempo
2. type / tipo
3. tremble / tremare
4. metro / metro
5. mute / muto

B. *T* e doppia *t.* Compare and contrast the single and double sounds of **t**. Listen and repeat.

1. tuta / tutta
2. fato / fatto
3. mete / mette
4. riti / ritti
5. moto / motto

C. Parliamo italiano! Listen and repeat.

1. Avete fatto tutto in venti minuti. Ottimo!
2. Mettete il latte nel tè?
3. Quanti tavolini all'aperto!
4. Il treno delle quattro e un quarto è partito in ritardo.
5. I salatini sono sul tavolino del salotto.

Dialogo

Prima parte. Carla incontra il signor Pini, il proprietario dell'appartamento che lei vuole vedere.

Ascolta attentamente il dialogo.

SIGNOR PINI: Buon giorno, signora Rossi, è pronta per vedere l'appartamento?

CARLA: Buon giorno, signor Pini. Certo che sono pronta. Se corrisponde alla Sua descrizione, credo che non avrò problemi ad affittare il Suo appartamento.

SIGNOR PINI: È un bell'appartamento e in una zona centrale, e lei sa come è difficile trovare un appartamento al prezzo che voglio io...

CARLA: A dire il vero, ero rimasta sorpresa dall'annuncio: un appartamento disponibile adesso e a quel prezzo mi è sembrato incredibile...

SIGNOR PINI: Se ne sono interessate molte persone, ma sono io che non ho trovato il candidato... o candidata ideale.

CARLA: Ci sono due camere da letto, vero?

SIGNOR PINI: Sì. È un appartamento con due camere da letto, una camera grande e una cameretta, che può essere lo studio... poi, come Le avevo già detto, c'è un soggiorno piuttosto grande, un bagno completo di doccia e la cucina.

CARLA: Eccoci arrivati. L'appartamento è al terzo piano, ci sono un po' di scale da fare... Peccato che non c'è l'ascensore!

SIGNOR PINI: Come vede, non è un palazzo moderno. Ma via, signorina, le scale non sono così tante.... E il trasloco, sa, non è un problema, le scale e le finestre sono molto larghe.

CARLA: Vedo, vedo, le scale sono molto belle, un bel marmo!

SIGNOR PINI: Sono sicuro che il problema non sarà l'appartamento, sarà l'affitto...

CARLA: Come Le ho già detto, l'affitto non è un problema.

SIGNOR PINI: Benissimo, allora. Entriamo. Ora Le mostro l'appartamento...

Seconda parte. Ascolta di nuovo il dialogo. Fai particolare attenzione a cosa dicono Carla e il signor Pini sull'affitto, l'appartamento e il palazzo.

Terza parte. Sentirai due volte sei frasi basate sul dialogo. Segna, per ciascuna frase, **vero** o **falso**.

1. Carla prenderà l'appartamento quasi certamente se le piace: ha soldi sufficienti per l'affitto.
2. È il signor Pini che decide sull'appartamento: se a lui piace la persona, l'appartamento può essere affittato.
3. Le camere dell'appartamento sono uguali.
4. Il palazzo dov'è l'appartamento è moderno.
5. Le scale e le finestre sono larghe, così traslocare non sarà complicato.
6. L'appartamento è al quarto piano.

Le risposte sono: 1. vero 2. vero 3. falso 4. falso 5. vero 6. falso

Ed ora ascoltiamo!

Luigi è veramente felice: ha trovato un appartamento ideale per lui. Sentirai una descrizione del suo appartamento. Ascolta il brano quante volte vuoi. Guarda la piantina e scrivi in ogni stanza il suo nome, secondo la descrizione. Controlla le tue risposte con le soluzioni date in fondo al libro.

Penso proprio di avere trovato il mio appartamento ideale… È in centro città, al quinto piano di un palazzo molto vecchio. È un appartamento piuttosto grande. Quando si entra, c'è subito un corridoio che divide l'appartamento in due parti. A sinistra c'è la cucina e poi la sala da pranzo, mentre il soggiorno è a destra, davanti alla cucina. Accanto alla sala da pranzo c'è un bagno piccolo e davanti al bagno, a destra, c'è uno studio. Poi ci sono le camere da letto, quella grande a sinistra, dopo il bagno. Accanto a questa camera c'è anche un grande ripostiglio. A destra, dopo lo studio, c'è l'altra camera, quella piccola, e poi l'altro bagno, più grande. Finalmente una casa proprio come la volevo io!

Dettato

Sentirai un breve dettato tre volte. La prima volta, ascolta attentamente. La seconda volta, il dettato sarà letto con pause tra frasi. Scrivi quello che senti. La terza volta, correggi quello che hai scritto. Scrivi sulle righe date. Controlla il tuo dettato con le soluzioni date in fondo al libro.

Simonetta e Lucia hanno frequentato lo stesso liceo ed ora si sono iscritte alla facoltà di sociologia dell'Università di Roma. Andare a Roma a frequentare l'università significa trovare casa, abitare da sole, sviluppare il senso dell'autodisciplina e della responsabilità. Tutto questo non preoccupa le due ragazze; al contrario, le stimola. Dei loro compagni di classe loro sono le uniche che hanno scelto Roma. Ora, però, cominciano i primi problemi: trovare la casa e poi un lavoretto, magari mezza giornata. Ma le due ragazze sono coraggiose e meritano un colpo di fortuna!

Sara in Italia

Con il tempo che diventa sempre più bello, Sara decide di tornare al Sud. Oggi si trova in Puglia, a Taranto, dopo aver visitato Bari e Lecce. Parla con Elena Condoleo, una signora del posto. La signora Condoleo è tornata in Puglia, la sua regione d'origine, dopo aver vissuto tanti anni a Torino.

Ascolta attentamente il dialogo. Ascolta il dialogo quante volte vuoi. Poi, rispondi alle domande che senti. Sentirai ogni domanda due volte. Ripeti la risposta.

SIGNORA CONDOLEO: Mio marito ed io, mentre eravamo a Torino e lavoravamo in fabbrica, mettevamo da parte i soldi per comprarci una casa in Puglia e ci siamo riusciti. Sai, ero così triste quando tornavamo qui per le vacanze e non avevamo ancora un posto nostro dove stare! Adesso, come vedi, ci siamo trasferiti completamente. Io sono di Bari, ma mio marito è di Taranto e ha molti parenti qui, quindi ci siamo fatti una villetta sulla costa. Personalmente, preferisco il mare Ionio al mare Adriatico. Ho insistito per venire qui.

SARA: Ho notato che molti italiani hanno qui, al mare, una seconda casa e ci stanno solo in estate.

SIGNORA CONDOLEO: Sì, ci sono molti turisti in estate e molti pugliesi che vengono qui e aprono le loro case solo per le vacanze. Adesso poi, in Puglia, c'è un grande afflusso di albanesi, che cercano lavoro e una casa in Italia. Arrivano a Bari e a Brindisi in massa, ma solo qualcuno si ferma in questa regione; la maggior parte va al Nord per cercare lavoro o anche per passare in Germania o in Inghilterra. La Puglia ha un'economia basata molto sul turismo. Ma parliamo di te: dove sei stata?

SARA: Ho visitato Lecce, che mi è piaciuta moltissimo, e vicino a Bari sono andata a vedere il castello di Federico II, Castel del Monte.

SIGNORA CONDOLEO: Non sei stata a Alberobello? Le case di Alberobello sono il simbolo turistico della Puglia.

SARA: No, non ci sono stata. Ma come sono fatte queste case?

SIGNORA CONDOLEO: Si chiamano «trulli» e sono case dai muri bianchi, di forma rotonda, con tetti a cono. Non se ne conosce l'origine, ma sono una grande attrazione turistica!

Ecco le domande.

1. Che cosa facevano i signori Condoleo mentre lavoravano al Nord?

   I signori Condoleo mettevano da parte i soldi per comprarsi una casa in Puglia.

2. Che cosa ha notato Sara?

   Ha notato che molti italiani hanno una seconda casa.

3. Che tipo di economia ha la Puglia?

   Ha un'economia basata molto sul turismo.

4. Che cosa cercano gli albanesi che vanno in Italia?

   Cercano un lavoro e una casa.

5. Perché le case di Alberobello sono un'attrazione turistica?

   Perché sono molto particolari.

CAPITOLO 13

È finita la benzina!

 ## Vocabolario preliminare

A. Per cominciare. Sentirai un dialogo tra due extraterrestri, Saturnino e Mercurio. Sentirai il dialogo due volte. La prima volta, ascolta attentamente. La seconda volta, il dialogo sarà ripetuto con pause per la ripetizione. Poi ferma la registrazione e scegli la risposta giusta, secondo il dialogo. Controlla le tue risposte con le soluzioni date in fondo al libro.

Ecco il dialogo.

SATURNINO: Deve essere il nuovo look dei terrestri del 2010.
MERCURIO: Forse dovremmo andare in vacanza da un'altra parte. Sulla Terra non si respira più come una volta.

Ora sentirai di nuovo il dialogo con pause per la ripetizione.

Ora ferma la registrazione e scegli la risposta giusta.

B. Il traffico e l'ambiente. Sentirai, per due volte, sei definizioni riguardo al traffico e cinque definizioni riguardo all'ambiente e dovrai identificare i termini a cui si riferiscono. Scrivi le risposte nella colonna giusta. Controlla le tue risposte con le soluzioni date in fondo al libro.

Ecco le definizioni riguardo al traffico.

1. In Italia dice di che città siamo; negli Stati Uniti, di che stato.
2. Dobbiamo averla per guidare.
3. Lo devo fare per usare la macchina.
4. Ho bisogno di controllarle prima di partire per un lungo viaggio.
5. Sono la macchina, la bicicletta, la moto, il treno, l'aereo.
6. È la persona che controlla il traffico.

Ecco le definizioni riguardo all'ambiente.

1. Li buttiamo via ogni giorno.
2. È la raccolta dei rifiuti che sono riutilizzati.
3. La terra è diventata più calda negli ultimi anni a causa di questo fenomeno.
4. Ci protegge dagli effetti negativi del sole.
5. È comune in tutti i paesi del mondo, specialmente se industrializzati o in fase di industrializzazione.

In ascolto

Un altro punto di vista. Saturnino e Mercurio, due extraterrestri arrivati sulla Terra in un disco volante, osservano dei ragazzi in un centro di riciclaggio. Ascolta con attenzione la loro conversazione, poi completa le seguenti frasi.

MERCURIO: Ma guarda, Saturnino, che brava gente!

SATURNINO: Cosa mai fanno?

MERCURIO: Proteggono l'ambiente. Vedi, per esempio, quel ragazzo biondo? Ricicla delle bottiglie... quelle verdi da una parte e quelle trasparenti dall'altra.

SATURNINO: E le due ragazze che portano un grosso sacco?

MERCURIO: Loro riciclano i recipienti di plastica. È la soluzione ecologica. Molta gente invece non ci fa caso, e butta via la plastica con i rifiuti.

SATURNINO: E quei ragazzi che scaricano mucchi di giornali?

MERCURIO: Certo che anche la carta di giornale si ricicla.

SATURNINO: Sì. Ognuno di noi può sempre fare qualcosa di più. Ma la loro macchina emette una nuvola nera di scappamento.

MERCURIO: Quello sì che inquina l'aria che tutti devono respirare.

SATURNINO: Andiamo a discutere con loro. Gli possiamo dare un passaggio nel nostro disco volante se vogliono accompagnarci.

 *Grammatica*

A. Condizionale presente

A. Per cominciare. Sentirai un dialogo due volte. La prima volta, ascolta attentamente. La seconda volta, completa il dialogo con le parole che mancano. Controlla le tue risposte con le soluzioni date in fondo al libro.

Ecco il dialogo.

SANDRO: Pronto, Paola? Senti, oggi sono senza macchina. È dal meccanico per un controllo. Mi daresti un passaggio per andare in ufficio?

PAOLA: Ma certo! A che ora devo venire a prenderti? Va bene alle otto e un quarto?

SANDRO: Non sarebbe possibile un po' prima: diciamo, alle otto? Mi faresti un vero piacere! Devo essere al lavoro alle otto e mezzo.

PAOLA: Va bene, ci vediamo giù al portone alle otto.

Ora sentirai di nuovo il dialogo.

B. Qualcosa da bere? Quando Paola ti offre da bere, rispondi per te e per i tuoi amici che preferireste la bibita suggerita. Ripeti la risposta.

> ESEMPIO: *Senti:* Vuoi una birra?
> *Leggi:* un'aranciata
> *Dici:* No, grazie, preferirei un'aranciata.

1. Marco vuole un caffè? / No, grazie, preferirebbe una cioccolata.
2. Volete un aperitivo? / No, grazie, preferiremmo una Coca-Cola.
3. Vuoi un bicchiere di latte? / No, grazie, preferirei una limonata.
4. Vogliono un'acqua gassata? / No, grazie, preferirebbero un'acqua naturale.
5. Gina vuole un cappuccino? / No, grazie, preferirebbe un tè freddo.

C. Con un milione di dollari... Cosa farebbero le seguenti persone con un milione di dollari? Rispondi secondo i suggerimenti. Ripeti la risposta.

> ESEMPIO: *Senti:* i signori Colombi
> *Leggi:* fare il giro del mondo
> *Dici:* Farebbero il giro del mondo.

1. Giorgio / Comprerebbe uno yacht.
2. tu / Aiuteresti i poveri.
3. noi / Andremmo a vivere alle Hawaii.
4. io / Scriverei il tuo romanzo.
5. voi / Dareste i soldi ai sieropositivi.

D. Cosa faresti? Rispondi alle seguenti domande personali.

1. Cosa compreresti con 10 mila dollari?
2. Dove andresti con un mese di vacanza?
3. Cosa faresti con un anno da vivere?
4. Quale lavoro vorresti dopo la laurea?

B. Dovere, potere e volere al condizionale

A. Per cominciare. Sentirai un dialogo due volte. La prima volta, ascolta attentamente. La seconda volta, il dialogo sarà ripetuto con pause per la ripetizione. Poi ferma la registrazione e completa le frasi, secondo il dialogo. Controlla le tue risposte con le soluzioni date in fondo al libro.

Ecco il dialogo.

> TOMMASO: Vorrei andare in vacanza, sono già esaurito dopo una settimana di scuola!
> STEFANIA: Guarda che lo potresti fare: basta chiamare il medico e farti dare qualche giorno di riposo per stress!
> TOMMASO: Eh sì, sarebbe bello, ma poi dovrei studiare di più per recuperare il tempo perduto!

Ora sentirai di nuovo il dialogo con pause per la ripetizione.

Ora ferma la registrazione e completa le seguenti frasi.

B. Consigli. Daniele ti racconta delle cattive abitudini di tutti. Rispondi che dovrebbero fare o non fare le seguenti cose. Ripeti la risposta.

> ESEMPIO: *Senti:* Bianca beve troppo.
> *Dici:* Non dovrebbe bere troppo.

1. Tiziano non ricicla. / Dovrebbe riciclare.
2. I Simonetti inquinano. / Non dovrebbero inquinare.
3. Patrizia ed io non usciamo. / Dovreste uscire.
4. Io guardo molto la TV. / Non dovresti guardare molto la TV.
5. Voi non allacciate le cinture di sicurezza. / Dovremmo allacciare le cinture di sicurezza.
6. Claudio guida velocemente. / Non dovrebbe guidare velocemente.

C. L'esperto di trasporti. Sai tutto riguardo ai viaggi in macchina. Quando i tuoi amici ti raccontano i loro problemi, proponi delle soluzioni, secondo i suggerimenti. Ripeti la risposta.

> ESEMPIO: *Senti:* Sono quasi rimasta senza benzina.
> *Leggi:* fare il pieno più spesso
> *Dici:* Potresti fare il pieno più spesso!

1. La nostra macchina è dal meccanico. / Potreste chiedere un passaggio a Laura.
2. Prendo sempre delle multe! / Potresti rispettare i segnali.
3. La macchina di Luigi non va bene. / Potrebbe portarla dal meccanico.
4. Devono fare un lunghissimo viaggio, e la loro macchina è vecchia. / Potrebbero controllare l'olio.
5. Gina non trova mai da parcheggiare in centro. / Potrebbe andare in bici.

C. Condizionale passato

A. Per cominciare. Sentirai un dialogo due volte. La prima volta, ascolta attentamente. La seconda volta, completa il dialogo con le parole che mancano. Controlla le tue risposte con le soluzioni date in fondo al libro.

Ecco il dialogo.

IL CARABINIERE: Signore, Lei sa che faceva 90 chilometri all'ora? Il limite è 50 in questa zona.
IL SIGNORE: Sì, lo so. Chiedo scusa. Ho fretta perché mia moglie sta per partorire. Sarei dovuto essere in ospedale mezz'ora fa, ma ho incontrato un ingorgo enorme e sono stato fermo per venti minuti.
IL CARABINIERE: Lei sa che ha una freccia che non funziona?
IL SIGNORE: Sì, lo so. È colpa mia. Avrei dovuto portare la macchina dal meccanico ieri, ma mio figlio si è rotto il braccio e l'ho dovuto portare all'ospedale.
IL CARABINIERE: Com'è che non ha la targa?
IL SIGNORE: Ho comprato la macchina la settimana scorsa. Avrei fatto la targa subito, ma il mio cane è stato male e ho dovuto curarlo.
IL CARABINIERE: Beh, dovrei farLe la multa, ma visto che ha avuto tante tragedie in questi giorni, lascio perdere. Buona giornata! L'accompagno all'ospedale da Sua moglie.

Ora sentirai di nuovo il dialogo.

B. Del senno di poi... Di' cosa avrebbero dovuto fare prima le seguenti persone, secondo i suggerimenti. Ripeti la risposta.

> ESEMPIO: *Senti:* Laura è arrivata in ritardo.
> *Leggi:* alzarsi
> *Dici:* Laura avrebbe dovuto alzarsi prima.

1. Noi non abbiamo trovato posto in albergo. / Avreste dovuto prenotare prima.
2. Beatrice e Pippo non hanno visto il film. / Avrebbero dovuto arrivare prima *o* Sarebbero dovuti arrivare prima.
3. Tu non hai mangiato il dolce. / Avrei dovuto mangiare prima.
4. Ezio ha preso il treno delle due. / Avrebbe dovuto prendere il treno prima.
5. Io non sono tornato subito. / Avresti dovuto tornare prima *o* Saresti dovuto tornare prima.
6. Voi non avete ancora deciso. / Avremmo dovuto decidere prima.

C. Tutti al mare! Tutti avevano programmato di studiare questo week-end... prima di sapere della festa al mare di Maurizio. Di' cosa hanno detto tutti, secondo i suggerimenti. Ripeti la risposta.

> ESEMPIO: *Senti:* Maria
> *Dici:* Ha detto che avrebbe studiato.

1. Io / Hai detto che avresti studiato.
2. i ragazzi / Hanno detto che avrebbero studiato.
3. noi / Avete detto che avreste studiato.
4. tu / Ho detto che avrei studiato.
5. voi / Abbiamo detto che avremmo studiato.
6. Paolo / Ha detto che avrebbe studiato.

D. Pronomi possessivi

A. Per cominciare. Sentirai un dialogo due volte. La prima volta, ascolta attentamente. La seconda volta, il dialogo sarà ripetuto con pause per la ripetizione.

Ecco il dialogo.

DANIELE: La mia macchina è una Ferrari; è velocissima. Com'è la tua?
ANTONIO: La mia è un po' vecchia, ma funziona.
DANIELE: La mia bici è una Bianchi. Che marca è la tua?
ANTONIO: Ma, non lo so. È una bici qualsiasi.
DANIELE: I miei vestiti sono tutti Armani. Che vestiti compri tu?
ANTONIO: I miei non sono di marche famose. Di solito li compro al mercato.
DANIELE: Mi piacciono solamente le cose di qualità.
ANTONIO: Io ho i gusti semplici e non ho tanti soldi da spendere.

Ora sentirai di nuovo il dialogo con pause per la ripetizione.

B. Una macchina economica... Sentirai un dialogo tra Aldo e Carlo due volte. La prima volta, ascolta attentamente. La seconda volta, completa il dialogo con le parole che mancano. Controlla le tue risposte con le soluzioni date in fondo al libro.

Ecco il dialogo.

ALDO: La mia macchina è una Ferrari, è velocissima, com'è la tua?
CARLO: La mia è un po' vecchia e funziona male. Ma come ti puoi permettere una Ferrari? Consuma tanta benzina!
ALDO: La prendo solo per le grandi occasioni, altrimenti uso la macchina di mia moglie.
CARLO: E cos'è la sua?
ALDO: La sua è una Fiat del 2000, viaggia bene e risparmia più della mia...
CARLO: Eh, ci credo!

Ora sentirai di nuovo il dialogo.

C. Curiosità. Sei ad una festa dove non conosci nessuno. Dovrai cercare di fare due chiacchiere, su qualsiasi argomento, secondo i suggerimenti. Ripeti la risposta.

> ESEMPIO: *Leggi:*   La mia macchina è targata Roma.
>   *Senti:*   Lei
>   *Dici:*   La mia è targata Roma, e la Sua?

1. tu / Il mio è interessante, e il tuo?
2. Loro / Il nostro abita con noi, e il Loro?
3. voi / Le mie abitano a Roma, e le vostre?
4. Loro / La mia non funziona, e la Loro?
5. voi / I miei vanno a scuola, e i vostri?
6. Lei / La nostra è sposata, e la Sua?

Pronuncia: The sounds of the letter "d"

In Italian, the letter **d** is pronounced like the *d* in the English word *tide*. Unlike the English *d*, however, the Italian **d** is always clearly articulated, regardless of position.

A. *D.* Listen carefully to these English and Italian words, then repeat the Italian words. Listen and repeat.

1. ditto / dito
2. day / dei
3. grandma / grande
4. modern / moderno
5. wedding / vedi

B. *D* e doppia *d*. Compare and contrast the single and double sound of **d**. Listen and repeat.

1. Ada / Adda
2. cade / cadde
3. fede / Edda
4. cadi / caddi
5. idea / Iddio

C. Parliamo italiano! Listen and repeat.

1. Avete deciso dove andare questa domenica?
2. Fa freddo in dicembre?
3. Dammi i soldi che ti ho dato!
4. Non devi dare del tu a tutti.
5. Dieci più dodici fa ventidue.
6. Non so cosa dovrei dire al dottore.

Prima parte. Una vigile ferma un'automobilista che ha fretta e parla con lei.

Ascolta attentamente il dialogo.

VIGILE:	Patente, prego, e libretto di circolazione…
AUTOMOBILISTA:	Ecco tutto qui, assicurazione compresa.
VIGILE:	70 chilometri all'ora in una zona urbana con 40 di limite non sono troppi?
AUTOMOBILISTA:	Lo so, lo so, Lei ha ragione! Ma devo andare da mio figlio a scuola, è caduto, per questo vado in fretta…
VIGILE:	Capisco la situazione, ma il limite parla chiaro! E poi, sa che ha anche una freccia che non funziona?
AUTOMOBILISTA:	Sì, lo so, mio marito avrebbe dovuto portare la macchina a riparare dal meccanico ieri, ma mia figlia si è fatta male mentre giocava a pallacanestro e abbiamo dovuto portarla all'ospedale. Non c'è stato tempo per la macchina… Lei che farebbe in una situazione così?
VIGILE:	Non so dirLe. Non deve chiedere a me… Com'è che non ha la targa? La targa non dovrebbe dipendere da nessun problema familiare, se non mi sbaglio!
AUTOMOBILISTA:	Veramente, sì… Ho comprato la macchina solo tre giorni fa e avrei anche fatto subito la targa, ma mio marito si è arrabbiato terribilmente perché l'ho pagata tutta subito; dice che avrei dovuto pagarla a rate!… Non ho avuto tempo di andare a fare registrare la macchina e prendere la targa nuova!
VIGILE:	Signora, mi dispiace, ma tra la velocità e la freccia deve pagare 183,25 euro! Riguardo alla targa, mi dispiace; ma Le dobbiamo portar via la macchina!

Seconda parte. Ascolta di nuovo il dialogo. Fai particolare attenzione alle giustificazioni date dalla signora alla vigile.

Terza parte. Sentirai due volte sei frasi basate sul dialogo. Segna, per ciascuna frase, **vero** o **falso**.

1. La signora andava in fretta perché voleva andare a vedere cosa era successo al figlio.
2. La vigile ha fermato la signora anche perché la signora aveva altri problemi con la macchina.
3. La freccia non è stata riparata perché la macchina non è stata portata dal meccanico.
4. La macchina non ha la targa perché la macchina non è stata ancora pagata.
5. Il marito della signora si è arrabbiato perché la signora ha pagato troppo la macchina.
6. La signora dovrebbe pagare una multa di cento euro.

Le risposte sono: 1. vero   2. vero   3. vero   4. falso   5. falso   6. falso

Ed ora ascoltiamo!

Sentirai tre dialoghi seguiti da due domande. Puoi ascoltare ogni dialogo quante volte vuoi. Poi dovrai scegliere la risposta giusta a ciascuna domanda.

Ecco il primo dialogo.

GIACOMO:	Avrei voluto chiamarti alle sette, ma non ho potuto trovare un telefono e un'ora dopo, quando ti ho chiamato, era già tardi, mi dispiace!
GIOVANNA:	Non importa, ero già uscita di casa comunque, anche alle sette non mi avresti trovato. Avresti dovuto chiamarmi la mattina: nel pomeriggio è difficile trovarmi in casa.

Ecco le domande.

1. A che ora Giacomo ha chiamato Giovanna?
2. Quando avrebbe dovuto chiamare Giovanna per trovarla in casa?

Le risposte sono: 1. b   2. a

Ecco il secondo dialogo.

PATRIZIA: Ciao, Massimo! È stato un film bellissimo quello di ieri sera, saresti dovuto venire!
MASSIMO: A dire la verità, Patrizia, l'ho visto anch'io quel film. Volevo cercarti al cinema, ma ero con altri amici e c'era una folla incredibile. Tanta gente così non l'avevo mai vista!
PATRIZIA: Vero, sono contenta di essere arrivata presto, non sarei andata volentieri a sedere in prima fila...
MASSIMO: Beh, io non ho avuto molta scelta. Ho dovuto sedermi proprio lì!

Ecco le domande.

1. Che ha fatto Massimo?
2. Dove si è seduta Patrizia?

Le risposte sono: 1. a   2. a

Ecco il terzo dialogo.

LUCIA: Ti è piaciuto il concerto di De Gregori l'altra sera?
ALESSANDRO: Moltissimo, adesso c'è quello di Guccini!
LUCIA: Ma non lo sai? Tutti i biglietti sono già esauriti, avresti dovuto comprarli almeno un mese fa.
ALESSANDRO: Che dici? L'avrei saputo, la mia fidanzata lavora al box office, me l'avrebbe detto, sono sicuro. Davvero sono esauriti?
LUCIA: Mah, non so che dire, per quel che so, ho paura di sì... Avrei anche pagato molto di più per un biglietto, ma proprio al box office mi hanno detto che sono arrivata tardi...

Ecco le domande.

1. Quale è la situazione dei biglietti per il concerto di Guccini?
2. È possibile trovare ancora biglietti?

Le risposte sono: 1. b   2. b

Dettato

Sentirai un breve dettato tre volte. La prima volta, ascolta attentamente. La seconda volta, il dettato sarà letto con pause tra le frasi. Scrivi quello che senti. La terza volta, correggi quello che hai scritto. Scrivi sulle righe date. Controlla il tuo dettato con le soluzioni date in fondo al libro.

Enrico e Paola si interessano di ecologia. Cercano di influenzare l'opinione pubblica riguardo ai problemi dell'ambiente. Il loro non è un lavoro facile: la gente è spesso pigra e preferisce non affrontare il problema. Naturalmente ci sono anche quelli che hanno scelto di essere attivi e partecipano ai gruppi dei Verdi. Ma la battaglia per la protezione dell'ambiente è lunga e incerta: interessi privati, giochi politici, eccetera, contribuiscono a renderla difficile.

Sara in Italia

Sara è in Abruzzo, ospite dei signori Trubiano, che hanno una piccola pensione a Pescasseroli, al centro del Parco Nazionale. Sara ha già visitato Pescara, sulla costa, e l'Aquila ed è già passata in autostrada sui monti del Gran Sasso. Adesso vuole fare delle belle passeggiate nel Parco e parla con la signora Trubiano delle cose da fare e da vedere.

Ascolta attentamente il dialogo. Ascolta il dialogo quante volte vuoi. Poi, rispondi alle domande che senti. Sentirai ogni domanda due volte. Ripeti la risposta.

SARA: Signora Trubiano, qualche volta ho sentito o letto Abruzzo e Molise invece di Abruzzo solo. Perché?

SIGNORA TRUBIANO: Prima si diceva così. Fino al 1963 questa regione infatti comprendeva anche il Molise e si chiamava Abruzzo e Molise. Dal 1963 invece l'Abruzzo e il Molise sono due regioni separate. Ma dimmi: ti piace il parco? Non ti annoi?

SARA: Oh no, non vedevo l'ora di riposarmi un po' lontana dalle città. In Italia non c'è l'inquinamento che c'è in certe grandi città americane ma quasi! E sono felicissima di non vedere macchine, macchine, macchine da ogni parte! Quando sarò a casa, a New York, avrò nostalgia di queste foreste, sono sicura. Oggi avrei intenzione di andare a cavallo, vorrei vedere qualche parte più lontana del parco.

SIGNORA TRUBIANO: Benissimo! Hai con te un binocolo?

SARA: Purtroppo no, avrei dovuto portarlo, ma non credevo che mi sarebbe servito.

SIGNORA TRUBIANO: Non ti preoccupare, te ne do uno io. Peccato che non so andare a cavallo; se no sarei venuta con te! Non visito il parco da tanto tempo!

Ecco le domande.

1. Perché prima la regione si chiamava Abruzzo e Molise?
   Perché era una sola regione che comprendeva anche il Molise.

2. Fino a quando ha avuto questo nome?
   Ebbe questo nome fino al 1963.

3. Che cosa vorrebbe fare oggi Sara nel parco?
   Sara vorrebbe andare a cavallo.

4. Perché non ha portato un binocolo?
   Perché pensava che non gli sarebbe servito.

5. Che cosa avrebbe voluto fare oggi la signora Marisa, ma che non può fare?
   Avrebbe voluto andare nel parco con Sara, ma non sa andare a cavallo.

CAPITOLO 14

La musica e il palcoscenico

 ## Vocabolario preliminare

A. Per cominciare. Sentirai un dialogo due volte. La prima volta, ascolta attentamente. La seconda volta, completa il dialogo con le parole che mancano. Controlla le tue risposte con le soluzioni date in fondo al libro.

Ecco il dialogo.

SIGNOR CECCHI: Con chi esci stasera?

CATERINA: Con Enrico. È un musicista di professione. Vedrai, ti piacerà.

SIGNOR CECCHI: Non vedo l'ora di incontrarlo! Lo potrei invitare a venire all'opera con me...

CATERINA: Beh, papà, Enrico non è un tipo da vestirsi bene per andare ai concerti o all'opera...

SIGNOR CECCHI: E perché no?

CATERINA: A lui piacciono il jazz e la musica alternativa. Non so se gli piace l'opera...

SIGNOR CECCHI: Ah sì? Suona il sassofono? Ha i capelli lunghi?

CATERINA: Ma sì. Lo conosci per caso?

SIGNOR CECCHI: No. Ma te l'ho chiesto perché, a dire il vero, ero così anch'io da giovane! Ma l'opera comunque mi piaceva!

Ora sentirai di nuovo il dialogo.

B. Indovinelli. Sentirai, per due volte, otto indovinelli. Indovina la parola dello spettacolo alla quale ogni frase si riferisce. Scrivi il numero corrispondente alla parola e di' la risposta. Ripeti la risposta.

> ESEMPIO: *Senti:* È la voce femminile più alta.
> *Segna:* 1
> *Dici:* Il soprano

2. È un genere teatrale moderno, con musica, balletti, canzoni. / il musical
3. È un pezzo musicale cantato a più voci. / il coro
4. È la rappresentazione che è di solito recensita sui giornali. / la prima
5. Dirige gli spettacoli. / il regista, la regista
6. Scrive le rappresentazioni. / l'autore, l'autrice
7. È il conduttore di un'orchestra. / il direttore

8. È la voce maschile meno alta. / il basso
9. Melodramma è l'altro suo nome. / l'opera

C. **Musica e teatro.** Guarda i disegni e rispondi alle domande che senti. Ripeti la risposta.

> ESEMPIO: *Senti:* Nina e Franco guardano una commedia o una tragedia?
> *Dici:* Guardano una tragedia.

Ecco le domande.

1. Questo signore è baritono o regista? / È regista.
2. Il pubblico fischia o applaude? / Il pubblico fischia.
3. Sono cantanti d'opera o cantanti di musica leggera? / Sono cantanti d'opera.
4. Questa ragazza è una regista o una cantautrice? / È una cantautrice.
5. I signori Gilli guardano il balletto o un concerto lirico? / Guardano il balletto.

D. **Domande personali.** Rispondi alle seguenti domande personali. Scrivi sulle righe date.

1. Suoni qualche strumento musicale? Se sì, sai leggere la musica o suoni a orecchio?
2. Fai parte di un gruppo che suona o di una compagnia che danza o recita?
3. Qual è il tuo o la tua cantante preferita di musica leggera?
4. Hai un'opera preferita? O un musical? Conosci qualche aria o qualche canzone?
5. Quali sono i tuoi compositori preferiti?

In ascolto

Che bella voce! Francesca e Luca parlano di una diva del mondo lirico. Ascolta con attenzione la loro conversazione e decidi se le seguenti affermazioni sono vere o false. Poi, correggi le affermazioni false.

FRANCESCA: Hai sentito l'ultimo Cd di Cecilia Bartoli?
LUCA: No, ce l'hai? Mi piacerebbe molto ascoltarlo. Ho la sua collezione di canzoni del '700, e secondo me è una mezzosoprano perfetta per quelle arie.
FRANCESCA: Mi piace anche perché io ho una vera passione per la musica di Rossini e del '700 in generale. E poi sono stanca della musica romantica o dei cantanti che fanno solo Verdi e Puccini. Finalmente le arie comiche!
LUCA: Hai ragione. La Bartoli ha uno stile molto espressivo. È difficile riuscire a comunicare il divertimento e a essere divertenti in quelle opere. Vorrei sentirla cantare anche le arie di Puccini, ma per ora sono contento di sentirla nelle opere di Rossini!
FRANCESCA: Ho avuto la fortuna di vederla nel *Barbiere di Siviglia,* anni fa, all'opera di Roma. Favolosa! E poi mi piace il modo in cui sa cantare con gli occhi e con i gesti.
LUCA: Vero. Anche per questo ha un grande successo all'estero, soprattutto negli Stati Uniti.

Grammatica

A. Pronomi relativi

A. **Per cominciare.** Sentirai un dialogo due volte. La prima volta, ascolta attentamente. La seconda volta, il dialogo sarà ripetuto con pause per la ripetizione.

Ecco il dialogo.

ANTONIO: Conosci quel ragazzo?
BRUNO: No, non lo conosco. È il ragazzo con cui è uscita ieri Roberta?

ANTONIO: No.

BRUNO: È il ragazzo di cui è innamorata Gianna?

ANTONIO: No.

BRUNO: Allora, chi è?

ANTONIO: Tu, ovviamente, non ti intendi di musica pop. Lui è il cantautore Alex Britti di cui tutti parlano e che è conosciuto in tutto il mondo.

BRUNO: Oh! Allora, andiamo a parlargli!

Ora sentirai di nuovo il dialogo con pause per la ripetizione.

B. Benvenuta! È appena arrivata alla stazione una tua amica. Indica le varie cose della tua città che vedete mentre l'accompagni a casa. Segui i suggerimenti. Ripeti la risposta.

> ESEMPIO: *Senti:* Vado in quella palestra.
> *Dici:* Quella è la palestra in cui vado.

1. Mangio in quel ristorante. / Quello è il ristorante in cui mangio.
2. Viaggio con quella macchina. / Quella è la macchina con cui viaggio?
3. Vado a quell'università. / Quella è l'università a cui vado.
4. Faccio compere in quel negozio. / Quello è il negozio in cui faccio compere.
5. Abito in quel palazzo. / Quello è il palazzo in cui abito.

C. Festival. Parla del festival estivo dello spettacolo, secondo i suggerimenti. Usa **che** per legare le due frasi. Ripeti la risposta.

> ESEMPIO: *Leggi:* Il musicista suona stasera.
> *Senti:* È famoso.
> *Dici:* Il musicista che suona stasera è famoso.

1. È bellissima. / La canzone che ha vinto il festival è bellissima.
2. Ha una voce straordinaria. / Il tenore che canta l'opera ha una voce straordinaria.
3. È molto brava. / La regista che ha messo in scena la commedia è molto brava.
4. È francese. / Il soprano che canta in tedesco è francese.
5. È irlandese. / L'attore che recita nell'*Amleto* è irlandese.

D. Non lo capisco! Simone è un tipo difficile da capire! Di' che non capisci tante cose riguardo a lui, secondo i suggerimenti. Ripeti la risposta.

> ESEMPIO: *Senti:* dire
> *Dici:* Non capisco quello che dice.

1. scrivere / Non capisco quello che scrive.
2. volere / Non capisco quello che vuole.
3. fare / Non capisco quello che fa.
4. domandare / Non capisco quello che domanda.

B. Chi

A. Per cominciare. Sentirai un dialogo due volte. La prima volta, ascolta attentamente. La seconda volta, il dialogo sarà ripetuto con pause per la ripetizione della parte della nonna.

Ecco il dialogo.

NONNA: Chi parla?

SANDRA: Sono io, nonna!

NONNA: Chi?

SANDRA: Io, tua nipote!

NONNA: E chi sei?

SANDRA: Come chi sono, quante nipoti hai?

NONNA: Mah, chissà, non si sa mai chi chiama al telefono e per quale motivo…

SANDRA: Ma la mia voce la riconosci?

NONNA: No.

Ora sentirai di nuovo il dialogo con pause per la ripetizione della parte della nonna.

B. Generalità. Trasforma le frasi che senti. Comincia la nuova frase con **Chi…,** secondo l'esempio. Ripeti la risposta.

ESEMPIO: *Senti:* Le persone che parlano troppo non sono simpatiche.
Dici: Chi parla troppo non è simpatico.

1. Le persone che usano parolacce non sono simpatiche. / Chi usa parolacce non è simpatico.
2. Le persone che non fanno attenzione non sono simpatiche. / Chi non fa attenzione non è simpatico.
3. Le persone che non salutano non sono simpatiche. / Chi non saluta non è simpatico.
4. Le persone che bevono troppo non sono simpatiche. / Chi beve troppo non è simpatico.
5. Le persone che si arrabbiano sempre non sono simpatiche. / Chi si arrabbia sempre non è simpatico.

C. Chi? Sentirai, per due volte, cinque definizioni. Dovrai scegliere la parola che è descritta nella definizione.

ESEMPIO: *Senti:* Chi scrive e canta canzoni.
Leggi e segna:

1. Chi fa statue.
2. Serie di scalini che permettono di salire da un piano all'altro di una casa.
3. Chi scrive un libro.
4. Chi prepara uno spettacolo per il teatro o un film.
5. Posto in cui teniamo il vino bianco.

Le risposte sono: 1. b 2. b 3. a 4. a 5. a

C. Costruzioni con l'infinito

A. Per cominciare. Sentirai un dialogo seguito da tre frasi da completare. Sentirai il dialogo due volte. La prima volta, ascolta attentamente. La seconda volta, sottolinea i verbi all'infinito. Poi dovrai fermare la registrazione e completare le frasi. Controlla le tue risposte con le soluzioni date in fondo al libro.

Ecco il dialogo.

MARCELLO: Ho sentito che ormai trovare biglietti per il concerto di Zucchero è impossibile. Hai ricordato di chiedere al tuo amico se conosce qualcuno con biglietti da vendere?

PIETRO: Oh no! Ho dimenticato!

MARCELLO: Non ti preoccupare, ho ricordato di cercarli io. Li ho comprati da mio cugino perché sapevo che avresti dimenticato.

Ora sentirai di nuovo il dialogo.

Ora ferma la registrazione e completa le seguenti frasi.

B. Propositi e pensieri. Quali sono i tuoi propositi? E i tuoi pensieri? Componi una frase sola, secondo i suggerimenti. Ripeti la risposta.

> ESEMPIO: *Senti:* Ho paura: non voglio dimenticare l'appuntamento!
> *Leggi:* dimenticare l'appuntamento
> *Dici:* Ho paura di dimenticare l'appuntamento!

1. Aiuto Daniela. Prepariamo la tavola! / Aiuto Daniela a preparare la tavola.
2. All'università ho imparato molto. Conto fino a cento in spagnolo! / All'università ho imparato a contare fino a cento in spagnolo.
3. Lo prometto: non mangio più le caramelle! / Prometto di non mangiare più le caramelle.
4. Cosa desidero? Andare in vacanza! / Desidero andare in vacanza.
5. Sto attenta: non mi faccio male in cucina. / Sto attenta a non farmi male in cucina.

C. Alcune domande personali. Rispondi alle seguenti domande secondo le tue esperienze personali. Usa la costruzione con l'infinito.

> ESEMPIO: *Senti:* Che cosa hai bisogno di fare?
> *Dici:* Ho bisogno di fare più ginnastica.

1. Quando hai cominciato a studiare italiano?
2. Perché hai deciso di studiare italiano?
3. Perché frequenti l'università?
4. Che cosa sai fare molto bene?
5. Che cosa hai paura di fare?

D. Nomi e aggettivi in -a

A. Dal plurale al singolare. Sentirai cinque frasi al plurale. Cambia le frasi al singolare. Ripeti la risposta.

> ESEMPIO: *Senti:* I programmi della televisione sono ripetitivi.
> *Dici:* Il programma della televisione è ripetitivo.

1. Questi panorami sono bellissimi. / Questo panorama è bellissimo.
2. Odio i problemi di aritmetica. / Odio il problema di aritmetica.
3. Come sono pessimisti questi poeti! / Com'è pessimista questo poeta!
4. I pianisti erano veramente bravi. / Il pianista era veramente bravo.
5. Ai turisti non è piaciuta Milano. / Al turista non è piaciuta Milano.

B. Chi sono? Sentirai, per due volte, cinque descrizioni di persone. Ascolta attentamente e di' chi sono le persone descritte. Ripeti la risposta.

> ESEMPIO: *Senti:* È un signore che visita un paese straniero.
> *Dici:* È un turista.

1. Sono signore che suonano il piano. / Sono pianiste.
2. È il capo della Chiesa Cattolica. / È il papa.
3. Sono uomini che scrivono poesie. / Sono poeti.
4. È uno scultore o un pittore. / È un artista.
5. Sono Marx e Lenin, per esempio. / Sono comunisti.

C. Domande personali. Rispondi alle seguenti domande secondo le tue esperienze personali.

1. Sei ottimista o pessimista?
2. Sei conservatore o progressista?
3. Sei femminista?
4. Sei di solito entusiasta o sei molto controllato?
5. Ti piace fare il turista?

 *Dialogo*

Prima parte. Il signor Cecchi ha due figlie: Caterina, che esce con un musicista e Valeria, che esce con un attore, regista e scrittore. Oggi conoscerà il ragazzo di Valeria, Luca.

Ascolta attentamente il dialogo.

SIGNOR CECCHI:	Con chi esci stasera?
VALERIA:	Con Luca. Vedrai, ti piacerà, è attore, registra teatrale, scrittore...
SIGNOR CECCHI:	Non vedo l'ora di incontrarlo! Lo potrei invitare a venire con me alla prima di *Sei personaggi in cerca di autore*...
VALERIA:	Beh, papà, Luca non è un tipo da vestirsi bene per andare alle prime e poi è un regista di spettacoli alternativi; Pirandello forse non gli interessa, è un autore così usato, vecchio, stanco...
SIGNOR CECCHI:	E perché no, che male c'è con Pirandello? Vecchio? Stanco? Ma che dici? I suoi temi sono contemporanei... E poi, chi è questo Luca, non è forse un regista? Ogni spettacolo dovrebbe interessargli!
VALERIA:	Forse hai ragione. Dovresti domandarglielo tu; se glielo chiedo io, chissà, forse mi direbbe di no. (*suona il campanello della porta*) Ecco, ho sentito suonare il campanello...
LUCA:	Ciao, Valeria, buona sera, signor Cecchi.
SIGNOR CECCHI:	Buona sera, Luca, piacere di conoscerti, mia figlia mi ha appena detto che lavori nel teatro... Che spettacoli fai?
LUCA:	Mi interessa la regia di autori giovani o contemporanei, come Dario Fo, ma anche i più tradizionali, di repertorio, non mi dispiacciono...
SIGNOR CECCHI:	Conosci Pirandello?
LUCA:	Certo che lo conosco. Ho cominciato a collaborare proprio in questi giorni su *Così è se vi pare*... Perché sorride, signor Cecchi?
SIGNOR CECCHI:	Sai, Valeria mi diceva che ero troppo vecchio perché mi piaceva Pirandello!
LUCA:	Ma no, sono sicuro che Le piacerebbero anche i miei spettacoli. Mi piace rappresentare l'alienazione, le crisi d'identità, il contrasto tra l'essere e l'apparire, la solitudine delle persone. Come in Pirandello!
SIGNOR CECCHI:	Ho capito: la prossima settimana prendo due biglietti per il teatro e andiamo noi due, lasciamo Valeria a casa!

Seconda parte. Ascolta di nuovo il dialogo. Fai particolare attenzione ai gusti di Luca e del signor Cecchi.

Terza parte. Sentirai due volte sei frasi basate sul dialogo. Segna, per ciascuna frase, **vero** o **falso**.

1. Luca allestisce spettacoli alternativi ma anche tradizionali.
2. Secondo Valeria, a Luca non interessano i temi di Pirandello.
3. Luca lavora adesso alla regia di un'opera di Dario Fo.
4. A Luca interessano i temi della crisi esistenziale e dell'apparenza.
5. Al signor Cecchi piace Pirandello.
6. Il signor Cecchi invita Luca e Valeria ad andare a teatro.

Le risposte sono: 1. vero 2. vero 3. falso 4. vero 5. vero 6. falso

Ed ora ascoltiamo!

Sentirai un dialogo tra Nicoletta e Elena in cui discutono dei loro gusti musicali, seguito da quattro frasi da completare. Puoi ascoltare il dialogo quante volte vuoi. Poi dovrai fermare la registrazione e completare le frasi, secondo il dialogo. Controlla le tue risposte con le soluzioni date in fondo al libro.

NICOLETTA: Hai mai sentito quella vecchia canzone di Gino Paoli che si chiama «Il cielo in una stanza»? L'ho sentita poco fa alla radio e mi è piaciuta moltissimo, non riesco proprio a dimenticarla… «Quando sei qui con me, questa stanza non ha più pareti, ma alberi…»

ELENA: Certo che la conosco! La cantava sempre mia madre. Non è un po' vecchia? Degli anni sessanta!

NICOLETTA: Che importa? È una canzone d'amore… Come l'altra, che Paoli aveva dedicato alla sua ragazza, «Che cosa c'è»… «Che cosa c'è? C'è che mi sono innamorato di te…» Le parole sono così semplici e profonde insieme! Sono bellissime canzoni d'amore… E poi c'è vera musica, non la batteria delle canzoni d'oggi, ma il suono dei violini, il pianoforte…

ELENA: Ma come sei sentimentale! Non ci posso credere! Sarai contenta che comincia il festival di San Remo, tra poco, con tutte quelle canzoni sull'amore… Personalmente tra le canzoni d'amore, preferisco quelle di Battisti. Ma, in generale, mi piacciono molto di più Dalla, De Gregori e Guccini e le canzoni sociopolitiche.

NICOLETTA: Guarda che anche Gino Paoli è sempre stato impegnato.

ELENA: Sì, lo so, ma le sue cose sono vecchie.

NICOLETTA: Ok, va bene così. Se secondo te l'amore è un argomento vecchio, che posso dire? A te Guccini, a me le canzoni del Festival di San Remo, ho bisogno di non pensare ai problemi del mondo quando canto!

Ora ferma la registrazione e completa le frasi.

Dettato

Sentirai un breve dettato tre volte. La prima volta, ascolta attentamente. La seconda volta, il dettato sarà letto con pause tra le frasi. Scrivi quello che senti. La terza volta, correggi quello che hai scritto. Scrivi sulle righe date. Controlla il tuo dettato con le soluzioni date in fondo al libro.

Clark e Christie sono molto interessati alla musica italiana, tutta: dall'opera lirica alla musica leggera, dai cantautori alla musica da liscio. Per molto tempo hanno associato all'immagine dell'Italia solo l'opera lirica ma ora hanno notato che la produzione musicale italiana è ricca e vasta. I ragazzi vorrebbero andare al festival del jazz che è allestito tutte le estati in Umbria. Quest'anno partecipano delle nuove cantanti jazz italiane e i ragazzi sono molto curiosi. È un po' tardi per trovare un albergo ma gli amici, per l'amore della musica, dormirebbero anche all'aperto!

Sara in Italia

Sara è a Portovenere, in Liguria, dopo avere visitato le Cinque Terre, legate a Eugenio Montale, poeta e premio Nobel italiano. È arrivata qui, in barca, da Lerici, per vedere il golfo amato dai poeti romantici inglesi Shelley e Byron. Sara è con Silvana, una professoressa di lettere che ama viaggiare e vedere i luoghi legati a poeti, scrittori e uomini famosi. Le loro prossime tappe saranno Genova, la città natale di Cristoforo Colombo, e poi San Remo, la città del Festival della canzone italiana ma anche di Italo Calvino, uno scrittore molto conosciuto negli Stati Uniti e in Canada.

Ascolta attentamente il dialogo. Ascolta il dialogo quante volte vuoi. Poi, rispondi alle domande che senti. Sentirai ogni domanda due volte. Ripeti la risposta.

SILVANA: Eccoci qui, pensa, Sara, su questi scogli hanno camminato nell'Ottocento i poeti romantici, e da qui è partito Shelley per l'ultimo viaggio... è morto infatti sulla sua barca mentre andava verso la Toscana... E che ne pensi anche delle Cinque Terre? Adesso sono sicura che quando leggi Montale, che parla di agavi sugli scogli o Calvino, che descrive le città tra mare e montagna, ricorderai questo paesaggio straordinario, fatto di scogli, mare, montagne e piante insolite...

SARA: Beh, posso capire l'attrazione verso questi posti, sono magnifici! Ma purtroppo Montale e Calvino sono due autori di cui non ho letto niente! Dovresti darmi qualche testo da leggere stasera!

SILVANA: Ok, ma domani dovremo alzarci presto, Genova e San Remo non sono vicinissime.

SARA: Non vedo l'ora di andare a San Remo, chi non la conosce? Anche negli Stati Uniti ho sempre visto il Festival della canzone italiana su Rai International. È così che conosco bene i cantanti italiani... Ma ho una domanda su Portovenere: perché tutte queste case sono dipinte di colori diversi e accesi?

SILVANA: Beh, un po' perché i colori potevano aiutare i marinai che andavano al largo con le barche a tornare in porto. Così avrebbero visto meglio la costa, anche quando c'era nebbia e non si vedeva bene...

SARA: Insomma, indicavano la strada!

SILVANA: Sì, anche. Ma dipingere la casa con colori brillanti è anche tradizionale sulle coste italiane.

Ecco le domande.

1. Dove hanno fatte passeggiate i poeti romantici?

Hanno fatto passeggiate sugli scogli di Portovenere.

2. A quali due autori Silvana lega il paesaggio ligure?

Silvana lega il paesaggio ligure a Montale e Calvino.

3. Che cosa sa di Montale e Calvino Sara?

Non sa niente.

4. Che cosa sa Sara di San Remo?

Conosce il Festival della canzone italiana.

5. Perché le case di Portovenere sono dipinte di colori vivaci?

Perché indicavano la strada ai marinai che tornavano in porto.

CAPITOLO 15

Quando nacque Dante?

Vocabolario preliminare

A. Per cominciare. Sentirai un dialogo seguito da quattro domande. Sentirai il dialogo due volte. La prima volta, ascolta attentamente. La seconda volta, il dialogo sarà ripetuto con pause per la ripetizione. Sentirai, per due volte, quattro domande e dovrai scrivere le risposte giuste alle domande. Controlla le tue risposte con le soluzioni date in fondo al libro.

Ecco il dialogo.

PROFESSORESSA GORI: Lorenzo, puoi dirmi quanti italiani parlavano davvero l'italiano nel 1861, al momento dell'unificazione?

LORENZO: Secondo il libro, solo il 2,5 per cento. L'italiano, come lo chiamiamo oggi, corrispondeva al dialetto fiorentino e nella penisola era principalmente una lingua scritta, non parlata.

PROFESSORESSA GORI: Perché il fiorentino è diventato la lingua nazionale?

LORENZO: Era più prestigioso di altri dialetti in Italia perché aveva una sua letteratura, con Dante, Petrarca, Boccaccio... E gli abitanti del resto d'Italia hanno dovuto impararlo a scuola come una lingua straniera.

PROFESSORESSA GORI: E adesso?

LORENZO: Adesso tutti gli italiani parlano italiano. Anche la lingua italiana si è un po' trasformata e molte parole ed espressioni dei dialetti delle varie regioni fanno parte del patrimonio linguistico nazionale....

Ora sentirai di nuovo il dialogo con pause per la ripetizione.

Ecco le domande.

1. Quanti italiani parlavano italiano nel 1861? Perché?
2. Perché il fiorentino è diventato una lingua nazionale?
3. Dove hanno imparato l'italiano gli abitanti del resto della penisola italiana?
4. Cos'è l'italiano adesso?

B. Le belle arti. Sentirai, per due volte, cinque frasi incomplete. Ascolta attentamente, poi dovrai scegliere la conclusione giusta.

ESEMPIO: *Senti:* Mi piace leggere, ma non mi piacciono le cose lunghe; preferisco...
Leggi e segna:

1. La signora de Marchi è pittrice; ha appena finito un nuovo...
2. Gianfrancesco studia storia dell'arte; gli interessa in modo particolare...
3. Quel quadro? Bello, sì, ma non è...
4. Sono andata a vedere la Cappella Sistina dopo il...
5. La mia amica vuole diventare architetto; naturalmente studia...

Le risposte sono: 1. a   2. c   3. a   4. c   5. b

C. Un capolavoro della letteratura italiana: Dante e la *Divina Commedia*. Sentirai una lettura su Dante due volte. La prima volta, ascolta attentamente. La seconda volta, completa la lettura con le parole che mancano. Controlla le tue risposte con le soluzioni date in fondo al libro. Ora ferma la registrazione, dai un'occhiata alla lettura e leggi la nota a piè di pagina.

Ecco la lettura.

Non possiamo che cominciare a parlare di letteratura italiana con il nome di Dante, uno dei grandi del '300 italiano, insieme a Boccaccio e Petrarca. Il capolavoro di Dante è la *Divina Commedia*, un'opera in versi. L'opera narra il viaggio dell'autore nei tre regni dell'Inferno, Purgatorio e Paradiso, alla ricerca di una salvezza personale e collettiva. La poesia dantesca è stata molto importante per la lingua italiana. Intere generazioni hanno imparato a memoria dei versi della *Divina Commedia*. Hanno citato dal poema, specialmente dall'inizio... «Nel mezzo del cammin di nostra vita / mi ritrovai per una selva oscura / ché la diritta via era smarrita»...

Riassumere la *Divina Commedia* è difficile perché è una vera enciclopedia del sapere, della poesia, della filosofia, ed è ricchissima di fatti e personaggi del Medioevo. Ed è anche una storia, un romanzo appassionante: Dante che passa attraverso i tre regni fino alla visione finale di Dio. *L'Inferno* è la parte più famosa, nell'*Inferno* troviamo i personaggi più umani e più affascinanti. E forse noi abbiamo simpatia per queste figure perché anche noi, come Dante, ci riconosciamo in loro, anche se sono dannati...

Ora sentirai di nuovo la lettura.

In ascolto

Una visita a Firenze. Antonella e Pasquale parlano davanti a Palazzo Vecchio, a Firenze. Ascolta con attenzione la loro conversazione, poi completa le seguenti frase.

ANTONELLA: Alcuni anni fa volevo visitare le sale storiche di Palazzo Vecchio ma l'ingresso era bloccato. Non era possibile entrare, non era nemmeno possibile avvicinarsi all'entrata.

PASQUALE: Sì, hai ragione, perché avevano trasformato Piazza della Signoria, davanti al palazzo, in un enorme scavo archeologico.

ANTONELLA: Era proprio affascinante, ma non ho mai saputo se si potessero visitare gli scavi.

PASQUALE: Certo che no. Solo gli archeologi avevano il permesso di lavorarci. Ma dall'alto la gente poteva vedere bene i ruderi.

ANTONELLA: Cosa si vedeva?

PASQUALE: Beh, le rovine di vecchie costruzioni medievali e di alcune ancora più antiche del periodo etrusco. Si vedevano negozi, porte e finestre, e vie molto strette. Insomma un sacco di cose interessanti per conoscere il passato storico della città.

ANTONELLA: C'erano anche delle statue?

PASQUALE: No, non credo. Ma se ti interessa la storia della scultura a Firenze, devi andare al Bargello. È un'antica prigione che è stata trasformata in un museo della scultura, soprattutto quella del Rinascimento. Non è molto lontano da qui.

Grammatica

A. Passato remoto

A. Per cominciare. Sentirai un brano due volte. La prima volta, ascolta attentamente. La seconda volta, il brano sarà ripetuto con pause per la ripetizione. Poi sentirai, due volte, cinque frasi e dovrai segnare, per ciascuna frase, **vero** o **falso.**

Ecco il brano.

PROFESSOR MARCENARO: Oggi vi parlerò di Michelangelo, di questo grandissimo artista che si affermò come pittore, scultore, architetto ed anche come poeta. Studiò con il Ghirlandaio e poi lavorò per principi, duchi, vescovi e papi. La sua opera più famosa sono gli affreschi della volta della Cappella Sistina. Questo immenso lavoro che Michelangelo volle eseguire senza nessun aiuto durò ben quattro anni (1508–1512). Gli affreschi illustrano episodi del Vecchio Testamento e culminano con il Giudizio Universale...

Ora sentirai di nuovo il brano con pause per la ripetizione.

Ecco le frasi.

1. Michelangelo si è affermato anche come poeta.
2. Michelangelo non ha studiato con grandi artisti, ha imparato la sua arte da solo.
3. Michelangelo ha lavorato per le persone più importanti del suo secolo.
4. Michelangelo ha dedicato quattro anni della sua vita agli affreschi della volta della Cappella Sistina.
5. Michelangelo non ha avuto nessun aiuto per fare gli affreschi.

Le risposte sono: 1. vero 2. falso 3. vero 4. vero 5. vero

B. Chi venne in America? Di' chi venne in America, secondo i suggerimenti. Ripeti la risposta.

> ESEMPIO: *Senti:* mio nonno
> *Dici:* Tuo nonno venne in America.

1. gli olandesi / Gli olandesi vennero in America.
2. Cristoforo Colombo / Cristoforo Colombo venne in America.
3. noi cubani / Voi cubani veniste in America.
4. voi italiani / Noi italiani venimmo in America.
5. io / Tu venisti in America.
6. i tuoi nonni / I miei nonni vennero in America.

B. Numeri ordinali

A. Personaggi storici. Di' il nome e il titolo di ogni personaggio. Usa i numeri ordinali. Ripeti la risposta.

> ESEMPIO: *Leggi:*
> *Dici:* Giovanni Paolo Secondo, papa

1. Luigi Quattordicesimo, re di Francia
2. Giovanni Ventitreesimo, papa
3. Enrico Ottavo, re d'Inghilterra
4. Carlo Quinto, imperatore di Spagna e di Germania

5. Vittorio Emanuele Secondo, re d'Italia
6. Elisabetta Prima, regina d'Inghilterra

B. In quale secolo? Di' in quale secolo successero i seguenti avvenimenti. Ripeti la risposta.

> ESEMPIO: *Senti:* nell'anno 1517, la Riforma Luterana
> *Dici:* nel sedicesimo secolo

1. nell'anno 1321, la morte di Dante / nel quattordicesimo secolo
2. nell'anno 1861, l'unificazione d'Italia / nel diciannovesimo secolo
3. nell'anno 1492, l'arrivo di Cristoforo Colombo in America / nel quindicesimo secolo
4. nell'anno 1946, la nascita della Repubblica Italiana / nel ventesimo secolo
5. nell'anno 2000, il Giubileo / nel ventunesimo secolo
6. nell'anno 1789, la Rivoluzione Francese / nel diciottesimo secolo

C. Quale periodo? Sentirai nominare un secolo e dovrai dire a quale periodo corrisponde. Ripeti la risposta.

> ESEMPIO: *Senti:* il sedicesimo secolo
> *Dici:* il Cinquecento

1. il quindicesimo secolo / il Quattrocento
2. il diciassettesimo secolo / il Seicento
3. il tredicesimo secolo / il Duecento
4. il ventesimo secolo / il Novecento
5. il diciannovesimo secolo / l'Ottocento
6. il quattordicesimo secolo / il Trecento

· C. Volerci v. metterci

A. Per cominciare. Sentirai un dialogo due volte. La prima volta, ascolta attentamente. La seconda volta, il dialogo sarà ripetuto con pause per la ripetizione.

Ecco il dialogo.

AUTOMOBILISTA: Quanto ci vuole per arrivare a Cutrofiano?
PASSANTE: Dipende da quale strada sceglie. Potrebbe metterci mezz'ora o potrebbe metterci due ore.

Ora sentirai di nuovo il dialogo con pause per la ripetizione.

B. Quanto ci vuole? Di' quanto ci vuole per fare le seguenti cose, secondo i suggerimenti. Ripeti la risposta.

> ESEMPIO: *Senti:* Per fare la torta...
> *Leggi:* un'ora e mezza
> *Dici:* Per fare la torta ci vuole un'ora e mezza.

1. Per fare il bucato... / Per fare il bucato ci vuole un'ora.
2. Per finire di leggere questo libro... / Per finire di leggere questo libro ci vogliono tre ore e mezza.
3. Per mettere via questi libri... / Per mettere via questi libri ci vuole una mezza giornata.
4. Per andare da Pistoia a Firenze... / Per andare da Pistoia a Firenze ci vuole mezz'ora.
5. Per fare quest'esercizio... / Per fare quest'esercizio ci vogliono due minuti.

Dialogo

Prima parte. Lorenzo dà un'esame sull'italiano e sull'Italia. Sentirai Lorenzo rispondere alle domande del professor Gori.

Ascolta attentamente il dialogo.

PROFESSOR GORI: Lorenzo, puoi dirmi quanti italiani parlavano davvero l'italiano nel 1861, al momento dell'unificazione della nazione?

LORENZO: Secondo il libro, solo il 2,5%. Possiamo anche spingere la cifra al 7–8% dell'intera popolazione, considerando gli abitanti della Toscana, dell'Umbria, di parte del Lazio, ma il risultato non cambia molto. L'italiano, come lo chiamiamo oggi, corrispondeva al dialetto fiorentino e, nella penisola, era principalmente una lingua scritta, non parlata, e parlata solo in Toscana. L'Italia era una penisola politicamente, economicamente e culturalmente divisa. Gli italiani parlavano i dialetti delle loro regioni.

PROFESSOR GORI: Per quali ragioni il fiorentino diventò la lingua nazionale?

LORENZO: Era più prestigioso di altri dialetti in Italia perché aveva una sua letteratura, con Dante, Boccaccio, Petrarca... Al momento dell'unificazione, Firenze aveva ancora molto prestigio culturale e lo stato italiano appena formato aveva bisogno di una lingua ufficiale. Gli abitanti del resto d'Italia imparavano l'italiano a scuola, come lingua straniera.

PROFESSOR GORI: E poi che cosa successe?

LORENZO: L'italiano si trasformò molto, tutti cominciarono a parlarlo, e molte parole degli altri dialetti entrarono a far parte del patrimonio comune della lingua italiana.

PROFESSOR GORI: Perché si trasformò?

LORENZO: Si trasformò perché diventò una lingua parlata, non rimase solo scritta. E poi si diffuse attraverso la televisione, la radio, i giornali e anche attraverso la scuola, perché gli italiani andarono finalmente tutti a scuola...

PROFESSOR GORI: Altre cose da aggiungere?

LORENZO: Il settanta per cento delle parole che usiamo oggi sono già negli autori medievali, in Dante, per esempio. Quindi vuol dire che il nucleo centrale della lingua italiana è ancora quello della lingua medievale o rinascimentale!

PROFESSOR GORI: Bravo, Lorenzo! Ci hai dato le informazioni essenziali per capire lo sviluppo dell'italiano. Bene!

Seconda parte. Ascolta di nuovo il dialogo. Fai particolare attenzione alla trasformazione della lingua italiana.

Terza parte. Sentirai due volte sei frasi basate sul dialogo. Segna, per ciascuna frase, **vero** o **falso.**

1. Nel 1861 l'italiano era solo un dialetto tra i dialetti.
2. L'italiano è sempre stato la lingua di una grandissima percentuale della popolazione della penisola italiana.
3. Gli abitanti delle regioni diverse dalla Toscana imparavano l'italiano a scuola, come lingua straniera.
4. L'italiano si trasformò quando diventò una lingua parlata, non solo scritta.
5. L'italiano si diffuse nella penisola attraverso la lettura dei romanzi.
6. Il nucleo centrale della lingua italiana è ancora quello medievale.

Le risposte sono: 1. vero   2. falso   3. vero   4. vero   5. falso   6. vero

Ed ora ascoltiamo!

Sentirai l'inizio di una lezione su Boccaccio. Puoi ascoltare il brano quante volte vuoi. Poi sentirai, due volte, sei frasi e dovrai segnare, per ciascuna frase, **vero** o **falso.**

Il libro del *Decameron*, di Giovanni Boccaccio, scritto in fiorentino, cioè in volgare, fu un successo immediato quando iniziò a circolare a Firenze nella seconda metà del Trecento. Gli abitanti di Firenze, specialmente i mercanti, lo lessero avidamente, si riconobbero nelle storie narrate e si divertirono con le avventure dei personaggi delle novelle. La Chiesa, però, ne proibì subito la lettura, per il contenuto a volte osceno delle novelle e perché la Chiesa stessa veniva molto spesso attaccata in esse. Nonostante questi problemi, il *Decameron* diventò immediatamente un classico. Piacque anche a Petrarca, che tradusse in latino l'ultima parte del libro. La traduzione ebbe un grande successo e contribuì a fare conoscere Boccaccio anche a chi non leggeva il volgare.

Ecco le frasi.

1. Il *Decameron* è diventato un libro popolare subito, già nel quindicesimo secolo.
2. Quando i fiorentini lo hanno letto, si sono divertiti e si sono identificati con i personaggi.
3. Alcune storie del *Decameron* sono oscene e la Chiesa ha favorito la diffusione del libro.
4. Petrarca ha contribuito alla diffusione del libro perché ha tradotto una parte in latino.
5. Boccaccio aveva scritto la sua opera nella lingua di Firenze.
6. Oggi consideriamo il *Decameron* un classico della letteratura italiana.

Le risposte sono: 1. falso   2. vero   3. falso   4. vero   5. vero   6. vero

Dettato

Sentirai un dettato tre volte. La prima volta, ascolta attentamente. La seconda volta, il dettato sarà letto con pause tra le frasi. Scrivi quello che senti. La terza volta, correggi quello che hai scritto. Scrivi sulle righe date. Controlla il tuo dettato con le soluzioni date in fondo al libro.

Petrarca scrisse le *Rime* o il *Canzoniere* per celebrare il suo amore per Laura, che era morta durante la peste del 1348. Il poeta lavorò al libro per la maggior parte della sua vita e lo finì poco prima di morire, ma sappiamo che avrebbe aggiunto altre poesie, perché nel suo manoscritto ci sono spazi bianchi. Le *Rime* di Petrarca furono subito celebrate dai poeti italiani e europei come un capolavoro e diventarono il modello a cui ispirarsi. La poesia rinascimentale europea prese Petrarca come punto di partenza e imitò il suo *Canzoniere*, lo riscrisse, lo adattò. Si cercò insomma di esprimere nelle varie lingue il contrasto tra amore spirituale, amore carnale, poesia e memoria, che è centrale in Petrarca.

Sara in Italia

Sara è oggi nella campagna di Siena, a San Galgano, a visitare le magnifiche rovine dell'Abbazia e del Monastero dedicati a Galgano, il guerriero che si fece monaco e fu poi proclamato santo. San Galgano è un luogo poco frequentato dai turisti, fuori dai centri principali. Per arrivare qui è necessaria una macchina, e Sara è venuta con suo cugino, David Lorenzetti. I signori Lorenzetti abitano a Siena, a meno di un'ora da questo luogo incantato.

Ascolta attentamente il dialogo. Ascolta il dialogo quante volte vuoi. Poi, rispondi alle domande che senti. Sentirai ogni domanda due volte. Ripeti la risposta.

DAVID: Allora, che ne pensi: ne valeva la pena, no?

SARA: Ma, David, quest'abbazia è bellissima, con questo pavimento di erba, senza tetto, qui, nel verde della campagna… E inoltre, c'è poca gente… Vedo anche una piccola cappella su quella collina, che cos'è?

DAVID: Lì c'è un' altra sorpresa per te: la vera, unica e originale spada nella roccia!

SARA: Quella della leggenda di Re Artù?

DAVID: No, quella della spada a cui si deve la costruzione della cappella e dell'abbazia. Una storia del dodicesimo secolo, in pieno Medioevo: Galgano, prima di diventare santo, era un guerriero coraggioso ma dissoluto, che a un certo punto si convertì. Quando cercò di rompere la spada contro la roccia perché rinunciava alla guerra e alla violenza, la spada penetrò nella roccia. Galgano interpretò questo miracolo come segno dell'approvazione di Dio, costruì una capanna dov'era la spada e ci visse per lunghi anni, finché morì. Dopo la sua morte la Chiesa costruì la cappella che ancora oggi protegge la spada nella roccia.

SARA: Che storia affascinante! Andiamo a vedere subito la spada, sono curiosissima!

Ecco le domande.

1. Che cosa visita Sara?   Visita l'Abbazia di San Galgano.
2. Di chi era la spada?   Era di Galgano.
3. Chi era Galgano?   Era un guerriero.
4. Che miracolo successe quando Galgano cercò di rompere la spada contro la roccia?   La spada penetrò nella roccia.
5. Come interpretò questo fatto Galgano?   Interpretò questo fatto come un segno dell'approvazione di Dio.

CAPITOLO 16

Per chi voti?

 Vocabolario preliminare

A. Per cominciare. Sentirai un dialogo seguito da tre frasi. Sentirai il dialogo due volte. La prima volta, ascolta attentamente. La seconda volta, il dialogo sarà ripetuto con pause per la ripetizione. Poi ascolta le frasi e scegli, per ciascuna frase, **vero** o **falso.**

Ecco il dialogo.

MARISA: Finalmente un'Europa unita, con una sola moneta!

ADRIANA: Sì, ora tutti gli stati della Comunità Europea hanno l'euro. E un po' mi dispiace che la lira sia scomparsa...

MARISA: Spero che questa unità porti più lavoro e meno disoccupazione.

ADRIANA: Speriamo. Ma intanto oggi dobbiamo votare per il nuovo Parlamento Europeo.

MARISA: E tu, per chi voti?

ADRIANA: Per chi difende la democrazia, gli interessi di tutti i cittadini... e dell'Italia in Europa!

MARISA: E quale sarebbe il partito giusto?

ADRIANA: Devo ancora deciderlo!

Ora sentirai di nuovo il dialogo con pause per la ripetizione.

Ecco le frasi.

1. Oggi è il giorno delle elezioni del Parlamento Europeo.
2. L'euro è la nuova moneta europea.
3. Adriana ha già deciso per chi vota.

Le risposte sono: 1. vero   2. vero   3. falso

B. Politica e società. Sentirai, per due volte, cinque frasi da completare. Ascolta attentamente, poi scegli il completamento giusto.

ESEMPIO: *Senti:*   Mia sorella è segretaria presso l'Olivetti. È...
Segna:

1. Gli operai sono in sciopero perché non vogliono...
2. Negli Stati Uniti i democratici ed i repubblicani sono due...
3. Negli Stati Uniti bisogna avere 18 anni per...
4. Purtroppo, tutti devono pagare...
5. Il pubblico è contento perché la disoccupazione è...

Le risposte sono: 1. b   2. a   3. c   4. a   5. c

C. La politica italiana e sociale... Definizioni. Sentirai, per due volte, otto definizioni riguardo allo Stato e sei definizioni riguardo ai problemi sociali. Dovrai identificare i termini a cui si riferiscono. Scrivi le risposte nella colonna appropriata. Controlla le tue risposte con le soluzioni date in fondo al libro.

Ecco le definizioni riguardo allo Stato.

1. Dirige il governo.
2. È il capo dello Stato italiano.
3. È il rappresentante o la rappresentante del popolo italiano.
4. È un diritto costituzionale di ogni italiano e anche un dovere civico.
5. Ci sono ogni cinque anni, per cambiare i rappresentanti politici.
6. È il libro delle leggi che garantiscono l'integrità dello Stato.
7. Sono i due rami del Parlamento.
8. Durante le elezioni, il cittadino lo esprime in maniera segreta.

Ecco le definizioni riguardo ai problemi sociali.

1. Si fa quando si vuole protestare contro il governo.
2. Lo prendiamo una volta o due volte al mese, con un assegno o un versamento in banca.
3. Lavora di solito in ufficio.
4. Lavora di solito in fabbrica.
5. Si pagano per contribuire alla spesa pubblica.
6. C'è quando non c'è lavoro.

In ascolto

Gli italiani e la politica. Laura, una studentessa americana di storia, discute con Valerio del sistema politico italiano. Ascolta con attenzione la loro conversazione, poi rispondi alle seguenti domande.

LAURA: Ma Valerio, quello che non capisco è come ci possano essere tutti questi partiti in Italia! Negli Stati Uniti ce ne sono solo due e la democrazia funziona bene lo stesso!

VALERIO: Capisco, per te è difficile apprezzare tutte queste coalizioni e questa possibile confusione, ma la verità, secondo me, è che negli Stati Uniti i due partiti sono molto simili, mentre qui le posizioni politiche possono essere anche molto distanti.

LAURA: Sono rimasta molto sorpresa anche dalla partecipazione di massa alle elezioni. Nel mio paese se vota il 30% di chi ha diritto di voto è già un successo!

VALERIO: Devi anche ricordare la storia dell'Italia. Gli italiani sono stati senza diritto di voto durante il fascismo. E poi, se ancora la gente vota in massa, almeno l'80% va a votare, è perché molte persone ancora credono che possano cambiare lo status quo, che il voto sia ancora importante, che possa cambiare le cose.

LAURA: Hai ragione, nel mio paese molti pensano che sia inutile votare, e molti sono comunque contenti della loro situazione economica, e dei diritti che già hanno.

Grammatica

A. Congiuntivo presente

A. Per cominciare. Sentirai un dialogo due volte. La prima volta, ascolta attentamente. La seconda volta, completa il dialogo con i verbi al congiuntivo presente che mancano. Controlla le tue risposte con le soluzioni date in fondo al libro.

Ecco il dialogo.

SIGNOR TESTA: Ho l'impressione che i problemi del mondo siano in continuo aumento: mi pare che aumenti il problema della povertà, così come quello della disoccupazione; mi sembra che crescano i problemi delle minoranze e degli immigrati; credo che siano molto gravi i problemi ecologici... chi vuoi che pensi ai pensionati?

SIGNOR MAZZOLA: Ma anche i nostri problemi sono importanti e dobbiamo farci sentire. Anzi, io penso che sia necessario che tutti si occupino dei problemi di tutti, non solo dei propri!

Ora sentirai di nuovo il dialogo.

B. Candidati al Parlamento... Sentirai un dialogo tra Silvia e Marzia, seguito da tre frasi. Sentirai il dialogo due volte. La prima volta, ascolta attentamente. La seconda volta, il dialogo sarà ripetuto con pause per la ripetizione. Poi ascolta le frasi e scegli, per ciascuna frase, **vero** o **falso**.

Ecco il dialogo.

SILVIA: E allora, cosa sai di questi candidati al Parlamento?

MARZIA: Credo siano i migliori, non mi sembra che usino alcuna demagogia: vogliono che la disoccupazione diminuisca, che i salari siano difesi, che i diritti dei lavoratori non siano toccati, ma sono anche coscienti che tutto ha un prezzo e che tutti dovranno fare sacrifici...

SILVIA: Dipende chi dovrà fare i sacrifici, a dire il vero: sono stanca che a pagare siano sempre le donne, le casalinghe, i giovani, i pensionati.

MARZIA: Sai, la mia candidata preferita ha proposto una tassa sui capitali, perché non ritiene giusto che ci sia una piccola percentuale della popolazione che possiede tanta ricchezza e non paga nulla.

Ora sentirai di nuovo il dialogo con pause per la ripetizione.

Ecco le frasi.

1. Silvia è stanca che a pagare siano sempre i ricchi.
2. Marzia è contenta dei suoi candidati al Parlamento.
3. La candidata preferita da Marzia ha proposto una tassa sui capitali.

Le risposte sono: 1. falso   2. vero   3. vero

C. Le faccende di casa. Quando Renata ti chiede di fare le faccende di casa, rispondi che vuoi che le facciano gli altri, secondo i suggerimenti. Ripeti la risposta.

ESEMPIO: *Senti:* Pulirai il frigo?
Leggi: Paolo
Dici: No, voglio che Paolo pulisca il frigo!

1. Cucinerai? / No, voglio che voi cuciniate!
2. Laverai i piatti? / No, voglio che tu lavi i piatti!
3. Andrai al mercato? / No, voglio che gli altri vadano al mercato!
4. Comprerai la frutta? / No, voglio che Claudio compri la frutta!
5. Risponderai al telefono? / No, voglio che tu e Claudio rispondiate al telefono!

B. Verbi e espressioni che richiedono il congiuntivo

A. Per cominciare. Sentirai un dialogo due volte. La prima volta, ascolta attentamente. La seconda volta, il dialogo sarà ripetuto con pause per la ripetizione.

Ecco il dialogo.

CAMERIERE: Professore, vuole che Le porti il solito caffè o preferisce un poncino?
PROFESSORE: Fa un po' fresco... Forse è meglio che prenda un poncino. Scalda di più.
CAMERIERE: Speriamo che questo sciopero finisca presto, professore!
PROFESSORE: Certo, ma bisogna che prima gli insegnanti abbiano un miglioramento delle loro condizioni di lavoro.

Ora sentirai di nuovo il dialogo con pause per la ripetizione.

B. Opinioni. Sentirai sei domande fatte da un giornalista che ti intervista su argomenti politici. Rispondi alle sue domande con le seguenti espressioni. Ripeti la risposta.

ESEMPIO: *Senti:* Il razzismo è un problema molto grave?
Leggi: Mi pare...
Dici: Mi pare che il razzismo sia un problema molto grave.

1. Ci sono più problemi ora che in passato? / Ho l'impressione che ci siano più problemi ora che in passato.
2. C'è l'aumento della disoccupazione? / Mi dispiace che ci sia l'aumento della disoccupazione.
3. I pensionati si fanno sentire? / Sono contento che si facciano sentire.
4. La maggioranza degli italiani ha votato? / Immagino che la maggioranza degli italiani abbia votato.
5. Il governo non ha applicato le riforme? / Mi dispiace che il governo non abbia applicato le riforme.
6. Ci sarà lo sciopero questa settimana? / È probabile che ci sia lo sciopero questa settimana.

C. Sfumature. Fai il dirigente di un'azienda e devi parlare in modo preciso. Esprimi le tue opinioni secondo i suggerimenti. Ripeti la risposta.

ESEMPI: *Senti:* Preferisco...
Leggi: Morelli va a Roma.
Dici: Preferisco che Morelli vada a Roma.

Senti: Sono certo...
Leggi: Avete il personale necessario.
Dici: Sono certo che avete il personale necessario.

1. Voglio... / Voglio che arriviate puntuali.
2. Mi dispiace... / Mi dispiace che gli operai siano in sciopero.
3. Sono sicura... / Sono sicura che finiamo in tempo.
4. Bisogna... / Bisogna che tutti partecipino alla riunione.
5. È vero... / È vero che dobbiamo licenziare qualcuno.

D. Opinioni sulla politica. Esprimi delle opinioni sulla politica, secondo i suggerimenti. Ripeti la risposta.

> ESEMPIO: *Senti:* Dubito…
> *Leggi:* il primo ministro andare in Cina
> *Dici:* Dubito che il primo ministro vada in Cina.

1. Sono contento… / Sono contento che l'inflazione sia ferma.
2. Immagino… / Immagino che lo sciopero continui.
3. Spero… / Spero che il governo vinca le elezioni.
4. È ora che… / È ora che il mio stipendio aumenti.
5. Non è bene… / Non è bene che il governo metta nuove tasse.
6. Voglio… / Voglio che i politici siano onesti.

E. Cosa pensi? Sentirai quattro espressioni che richiedono il congiuntivo. Dovrai formare delle frasi complete con le espressioni che senti, utilizzando un soggetto della colonna A e un verbo della colonna B. Di' la tua frase e poi ascolta, di seguito, una risposta possibile.

> ESEMPIO: *Senti:* Immagino…
> *Dici:* Immagino che il governo aumenti le tasse.

1. Spero che… / Spero che il conflitto tra industria e operai abbia un buon esito.
2. Esigo che… / Esigo che i deputati al Parlamento siano onesti.
3. Dubito che… / Dubito che i ministri fermino l'inflazione.
4. È strano che… / È strano che lo sciopero non sia finito prima.

C. Congiuntivo passato

A. Per cominciare. Sentirai un dialogo due volte. La prima volta, ascolta attentamente. La seconda volta, il dialogo sarà ripetuto con pause per la ripetizione.

Ecco il dialogo.

FRANCESCO: Perché Maria non si è licenziata? Ieri mi ha detto che non le piaceva il suo lavoro e che avrebbe dato le dimissioni oggi.

DINO: Penso che le abbiano aumentato lo stipendio.

Ora sentirai di nuovo il dialogo con pause per la ripetizione.

B. Speranze. Fai la parte dell'attivista politica ed esprimi la tua speranza in risposta alle domande che ti fa un giornalista. Ripeti la risposta.

> ESEMPIO: *Senti:* Il governo ha aiutato i poveri?
> *Dici:* Spero che il governo abbia aiutato i poveri.

1. Il presidente ha parlato della disoccupazione? / Spero che il presidente abbia parlato della disoccupazione.
2. Gli impiegati hanno organizzato un'assemblea? / Spero che gli impiegati abbiano organizzato un'assemblea.
3. Il primo ministro è andato in Somalia? / Spero che il primo ministro sia andato in Somalia.
4. I progressisti sono entrati al governo? / Spero che i progressisti siano entrati al governo.

Dialogo

Prima parte. Sabrina e Davide discutono delle recenti elezioni europee e del ruolo dell'Italia in Europa.

Ascolta attentamente il dialogo.

SABRINA: Mah, che ne dici dei risultati delle elezioni europee?

DAVIDE: Guarda, non mi dire niente, non sono affatto contento...

SABRINA: Io sono più neutrale, aspetto di vedere adesso quello che succederà, adesso che si discute di includere paesi dell'Est. Io sono favorevole, ma sono stata sorpresa dall'astensionismo. Di solito c'è più dell'80 per cento degli italiani che vota; vedere solo il 50 per cento è stato uno choc, specialmente nel caso di elezioni europee così importanti.

DAVIDE: Sai, io non ero molto convinto ma sono andato a votare lo stesso. È stata una decisione difficile. Non credi che dobbiamo dimostrare che l'Italia vuole un'Europa più forte? Dopo tutto, più la politica europea rimane unitaria, più l'Europa diventa forte economicamente.

SABRINA: Si è già dimostrato con l'euro e con il fatto che l'euro o è pari al dollaro o è più forte. Speriamo solo che la situazione economica dei possibili nuovi membri non destabilizzi l'Europa.

DAVIDE: Non credo succederà. L'Italia sarà come sempre al centro delle riforme europee, siamo ormai un paese profondamente europeista e non si può tornare indietro. Ma dimmi, come hai votato: per il governo o contro il governo? Per la politica europea o contro l'Italia guidata da Strasburgo?

SABRINA: È una domanda interessante perché il mio candidato alle europee non fa parte del governo, ma non è contro il governo...

DAVIDE: Va bene, non ti chiedo di più... A proposito, sei andata ieri a distribuire volantini alla manifestazione sulla difesa dei diritti dei lavoratori?

SABRINA: No, perché?

DAVIDE: Perché io ci sono andato ed è un peccato che tu non sia venuta. Meno male che ci sono io a promuovere i lavoratori nella società...

SABRINA: Vero, vero, senza di te il mondo non andrebbe avanti...

Seconda parte. Ascolta di nuovo il dialogo. Fai particolare attenzione a cosa dicono Sabrina e Davide sulle percentuali dei votanti, sulla politica europea e sull'euro.

Terza parte. Sentirai due volte sei frasi basate sul dialogo. Segna, per ciascuna frase, **vero** o **falso**.

1. Davide è a favore di una politica europea più forte.
2. Secondo Sabrina, l'Europa non dovrebbe comprendere i paesi dell'Est.
3. Le elezioni europee hanno avuto un'alta partecipazione.
4. L'euro vale meno del dollaro.
5. L'Italia è un paese che vuole una forte unità europea.
6. C'è stata una manifestazione a favore dei diritti dei lavoratori, ma Davide non è andato.

Le risposte sono: 1. vero   2. falso   3. falso   4. falso   5. vero   6. falso

Ed ora ascoltiamo!

Aliza, una studentessa americana di storia, discute con Valerio del sistema politico italiano. Sentirai il loro dialogo. Puoi ascoltare il dialogo quante volte vuoi. Poi sentirai, due volte, sei frasi e dovrai segnare, per ciascuna frase, **vero** o **falso.**

ALIZA: Ma Valerio, quello che non capisco è come ci possano essere tutti questi partiti in Italia! Negli Stati Uniti ce ne sono solo due e la democrazia funziona bene lo stesso!

VALERIO: Capisco che per te è difficile apprezzare tutte queste diverse posizioni e questa possibile confusione, ma la verità, secondo me, è che negli Stati Uniti i due partiti sono molto simili, mentre qui le posizioni politiche possono essere molto distanti...

ALIZA: Sono rimasta molto sorpresa anche dalla partecipazione di massa alle elezioni. In Italia vota anche l'80% della popolazione... Nel mio paese se vota il 30% di chi ha diritto di voto è già un successo!

VALERIO: Devi anche ricordare la storia dell'Italia. Gli italiani sono stati senza diritto di voto durante il fascismo. Con la Resistenza e la guerra la situazione cambiò drasticamente, ma vennero alla luce grandi differenze ideologiche, che furono anche più grandi durante gli anni della guerra fredda. Avere molti partiti è sempre stato un segno di vitalità, di partecipazione, ma anche, purtroppo, il segno di divisioni forti, difficili da conciliare.

ALIZA: Ma perché non è possibile avere solo due o tre partiti?

VALERIO: A dire il vero, penso che in un prossimo futuro anche l'Italia avrà pochi partiti e infatti adesso ci sono due grandi coalizioni, una di centro-sinistra e una di centro-destra, ma che contengono tanti partiti al loro interno. E poi c'è la Lega Nord, che vorrebbe un'Italia più federalista. La politica italiana è molto passionale, tutti gli italiani vogliono esprimere il loro punto di vista e le discussioni sono sempre forti...

ALIZA: Ho capito, vedo le differenze con la politica nel mio paese, dove molti pensano che sia inutile votare, e molti sono comunque contenti della loro situazione economica e dei diritti che già hanno: per loro non avrebbe senso che il sistema politico cambiasse.

Ecco le frasi.

1. Aliza non capisce perché ci sono tanti partiti in Italia.
2. Valerio le dice che i due partiti negli Stati Uniti sono molto diversi tra di loro.
3. Aliza è rimasta sorpresa perché soltanto il 30% degli italiani votano.
4. Valerio racconta come durante il fascismo gli italiani erano senza diritto di voto.
5. La Lega Nord è un partito che vuole rendere l'Italia più federalista.
6. Aliza dice che gli americani votano perché non sono contenti né dell'economia né del sistema politico.

Le risposte sono: 1. vero   2. falso   3. falso   4. vero   5. vero   6. falso

Dettato

Sentirai un breve dettato tre volte. La prima volta, ascolta attentamente. La seconda volta, il dettato sarà letto con pause tra le frasi. Scrivi quello che senti. La terza volta, correggi quello che hai scritto. Scrivi sulle righe date. Controlla il tuo dettato con le soluzioni date in fondo al libro.

Guido ha invitato a cena i suoi amici Giulia ed Enrico. Enrico fa il giornalista ed è sempre ben informato sulle novità politiche; Guido e Giulia si interessano di politica dai tempi del liceo, quando militavano nel movimento studentesco. Ognuno ha il proprio punto di vista e le proprie idee. Guido è ottimista ed è convinto che gli italiani sappiano gestirsi politicamente senza mettere in pericolo la democrazia. Giulia pensa che la gente sia confusa e, forse, facile da manipolare. Per Enrico, invece, l'Europa intera è in un periodo di crisi con tanti problemi come il nazionalismo.

Sara in Italia

Sara è oggi a Roma, capitale d'Italia e sede del governo centrale. Ha voluto evitare San Pietro e i musei Vaticani perché è domenica e i musei sono sempre affollati. Ha deciso invece di visitare un monumento che non aveva mai visitato nei suoi due precedenti soggiorni a Roma: quello dedicato a Vittorio Emanuele II, il primo re dell'Italia unita. Con lei c'è suo cugino Giovanni D'Agostino. I signori D'Agostino abitano a Roma e Sara è loro ospite.

Ascolta attentamente il dialogo. Ascolta il dialogo quante volte vuoi. Poi, rispondi alle domande che senti. Sentirai ogni domanda due volte. Ripeti la risposta.

SARA: Peccato che questo monumento sia stato chiuso per tanto tempo! Avrei voluto venirci la prima volta che sono stata a Roma, è molto interessante. Non capisco perché tutti ne parlino male, non mi sembra che assomigli a una «macchina da scrivere»...

GIOVANNI: Sì, capisco però come sia legato a memorie imbarazzanti perché era al centro delle manifestazioni fasciste durante la dittatura di Mussolini...

SARA: Ma oggi è solo un monumento, no?

GIOVANNI: Eh sì, è incredibile che ci sia ancora tutta questa pubblicità negativa! L'hai mai visto di sera? È spettacolare. E poi, guarda, da qui puoi anche vedere il Foro Romano, il Palatino e il Campidoglio.

SARA: E quello là è il Colosseo, no? Il panorama è bellissimo... Ma chi sono i soldati che sono sulla scala centrale?

GIOVANNI: Immagino siano i soldati che sono di guardia davanti al Milite Ignoto, un soldato morto per la patria di cui non si conosce il nome. Infatti questo qui è considerato l'Altare della Patria e c'è anche il Museo di Storia del Risorgimento italiano. Vuoi vederlo? Così capisci le fasi principali dell'unificazione italiana, con le guerre d'indipendenza, la conquista di Roma e la prima guerra mondiale, quando l'Italia ha acquistato finalmente il Trentino e il Friuli ed ha completato l'unità nazionale.

SARA: Sì che m'interessa, andiamo! La storia italiana è così complicata!

Ecco le domande.

1. Che cosa non capisce Sara riguardo al monumento a Vittorio Emanuele II?

    Non capisce perché tutti ne parlino male.

2. Durante la dittatura di Mussolini, come era usato il monumento?

    Era usato per le manifestazioni fasciste.

3. Che cos'è il milite ignoto?

    È un soldato morto per la patria di cui non si conosce il nome.

4. Che museo si trova nel monumento a Vittorio Emanuele II?

    Si trova il Museo di Storia del Risorgimento italiano.

5. Che cosa potrà capire attraverso il museo Sara?

    Potrà capire le fasi principali dell'unità d'Italia.

CAPITOLO 17

Fare domanda di lavoro

 Vocabolario preliminare

A. Per cominciare. Sentirai un dialogo due volte. La prima volta, ascolta attentamente. La seconda volta, il dialogo sarà ripetuto con pause per la ripetizione.

Ecco il dialogo.

EMANUELE: Inflazione, disoccupazione, crisi economica... e come lo trovo un lavoro?
GABRIELLA: Bisogna avere pazienza e persistere: fare domande, rispondere agli annunci, partecipare ai concorsi...
EMANUELE: E tu, da quanto tempo persisti?
GABRIELLA: A dire il vero, io un lavoro ce l'ho: e serve proprio per trovarti un lavoro. Lavoro per il sindacato, io!

Ora sentirai di nuovo il dialogo con pause per la ripetizione.

B. Definizioni. Sentirai, per due volte, cinque definizioni riguardo al lavoro. Scrivi la lettera del termine a fianco del numero della definizione che senti.

1. È l'insieme delle spese che si hanno per vivere in una determinata città o zona.
2. È un'organizzazione che difende i diritti dei lavoratori e delle lavoratrici.
3. Ci garantisce il diritto ad avere un medico e ad essere curati quando ne abbiamo bisogno, anche se non abbiamo un lavoro.
4. È la cosa che di solito si fa dopo avere fatto domanda di lavoro.
5. È difeso dalle organizzazioni sindacali.

Le risposte sono: 1. c 2. b 3. d 4. e 5. a

C. Breve storia di Alessandra. Sentirai, per due volte, un brano seguito da cinque frasi. Ascolta attentamente. Poi dovrai scegliere, per ciascuna frase, **vero** o **falso.**

Ecco il brano.

L'azienda in cui mia cugina Alessandra lavorava da dodici anni l'anno scorso ha licenziato molti lavoratori e quest'anno ha chiuso. Così mia cugina è disoccupata e cerca lavoro. Ha già avuto molti colloqui ma nessuno l'ha ancora assunta. Credo che abbia fissato altri due colloqui per la settimana prossima e spero che avrà fortuna.

Ora sentirai di nuovo il brano.

Ecco le frasi.

1. Alessandra ha cambiato lavoro molto spesso.
2. Alessandra è stata licenziata perché non lavorava abbastanza.
3. Adesso Alessandra non ha un lavoro.
4. Alessandra ha deciso di non lavorare più.
5. È possibile che Alessandra trovi un lavoro la settimana prossima.

Le risposte sono: 1. falso   2. falso   3. vero   4. falso   5. vero

In ascolto

Buon lavoro! Parlano Simone Bellini e la signora Pagani, la dirigente della ditta che l'ha assunto. Ascolta con attenzione la loro conversazione, poi completa le frasi seguenti.

SIGNORA PAGANI: Dunque, signor Bellini, benvenuto nella nostra azienda! Sono molto felice di assumerLa.

SIMONE BELLINI: Grazie, signora Pagani.

SIGNORA PAGANI: Può incominciare la settimana prossima?

SIMONE BELLINI: Non c'è problema. È da tre mesi che cerco lavoro e ho voglia di mettermi a lavorare il più presto possibile.

SIGNORA PAGANI: Il mio segretario Le darà il modulo da riempire per l'assistenza medica.

SIMONE BELLINI: Grazie.

SIGNORA PAGANI: Le sue mansioni sono ben chiare?

SIMONE BELLINI: Sì, penso che Lei me le abbia definite molto chiaramente durante il nostro colloquio.

SIGNORA PAGANI: Allora venga con me, signor Bellini, e La presento ai Suoi nuovi colleghi.

Grammatica

A. Congiunzioni che richiedono il congiuntivo

A. Per cominciare. Sentirai un dialogo. Ascolta attentamente. Poi sentirai, due volte, tre frasi da completare e dovrai scegliere, per ciascuna frase, il completamento giusto.

Ecco il dialogo.

SIGNOR ONGETTA: Pronto, signora Croci? Buongiorno, sono il rappresentante della Bottega del Gioiello. A proposito delle catene d'oro... non deve preoccuparsi, le ho già spedite e arriveranno in settimana... a meno che la posta non abbia ritardi!

SIGNORA CROCI: È possibile una seconda spedizione prima che finisca l'anno? Ai nostri clienti piacciono molto le vostre creazioni!

SIGNOR ONGETTA: Non glielo posso promettere: benché i miei operai facciano il possibile, c'è sempre la possibilità di qualche intoppo.

SIGNORA CROCI: E il costo, sarà lo stesso?

SIGNOR ONGETTA: Beh, no, ci sarà un leggero aumento. Ne capirà i motivi senza che glieli spieghi: il prezzo dell'oro, il costo della mano d'opera, l'inflazione...

Ecco le frasi da completare.

1. Il signor Ongetta dice che le catene arriveranno entro...
2. La signora Croci vuole sapere se sarebbe possibile...
3. Il costo della nuova spedizione sarà...

Le risposte sono: 1. c   2. b   3. a

B. Chi si sveglia prima? La tua compagna di casa esce di casa prima di tutti la mattina. Di' prima di chi esce di casa, secondo i suggerimenti. Ripeti la risposta.

> ESEMPIO: *Senti:* tu
> *Dici:* Esce di casa prima che io mi alzi.

1. io / Esce di casa prima che tu ti alzi.
2. Franco / Esce di casa prima che Franco si alzi.
3. noi / Esce di casa prima che voi vi alziate.
4. voi / Esce di casa prima che noi ci alziamo.
5. Gli altri / Esce di casa prima che gli altri si alzino.

C. Scopi, condizioni. Parla dei tuoi programmi di carriera e anche di quelli dei tuoi amici. Completa le frasi che senti, secondo i suggerimenti. Ripeti la risposta.

> ESEMPIO: *Senti:* La ditta mi assume purché...
> *Leggi:* io / avere i requisiti
> *Dici:* La ditta mi assume purché io abbia i requisiti.

1. I tuoi genitori ti fanno studiare affinché... / I tuoi genitori ti fanno studiare affinché tu possa trovare lavoro facilmente.
2. Non riesco a fissare un colloquio per quanto... / Non riesco a fissare un colloquio per quanto continui a telefonare.
3. Kirsten è sempre puntuale sebbene... / Kirsten è sempre puntuale sebbene non abbia la macchina.
4. Vi impresterò la mia macchina a condizione che... / Vi impresterò la mia macchina a condizione che mi accompagniate in agenzia.
5. Pippo si licenziera affinché... / Pippo si licenzierà affinché Beatrice possa essere felice.

D. Un vero amico. Sentirai, per due volte, un brano in cui Mauro parla a Maria di qualcosa che lei ha fatto che lo ha ferito. Ascolta attentamente. Poi ferma la registrazione e completa le frasi, secondo il brano. Controlla le tue risposte con le soluzioni date in fondo al libro.

Ecco il brano.

Maria, se sono qui con te è per un motivo solo. Ti voglio parlare affinché tu capisca che cosa è successo, che cosa hai fatto, e perché mi hai ferito. Lo so che è tardi, lo so che sei stanca. Anch'io sono qui benché sia stanco. Ma abbiamo tante cose da dirci. Continuerò a parlarti a condizione che tu non ti arrabbi. Non dire niente, lasciami parlare... Lo so, è difficile accettare di essere criticati, ma prima che tu m'interrompa, fatti dire che io sono tuo amico, sebbene quello che tu hai fatto non mi piaccia. E sarò ancora tuo amico purché tu ti comporti diversamente. Ora parla tu, Maria. Ti ascolterò anche tutta la notte, a meno che tu non mi chieda di andar via.

Ora sentirai di nuovo il brano.

Ora ferma la registrazione e completa le frasi.

B. Altri usi del congiuntivo

A. Per cominciare. Sentirai un brano due volte. La prima volta, ascolta attentamente. La seconda volta, completa il brano con le parole che mancano. Controlla le tue risposte con le soluzioni date in fondo al libro.

Ecco il brano.

Chiunque siate, mi dovete ubbidire! Qualunque decisione io prenda, dovete essere d'accordo! Dovunque io vada, dovete seguirmi!

Ora sentirai di nuovo il brano.

B. Certezze. Di' le frasi che senti con convinzione, secondo i suggerimenti. Ripeti la risposta.

> ESEMPIO: *Senti:* Le persone che cercano lavoro devono riempire questi moduli.
> *Leggi:* Chiunque...
> *Dici:* Chiunque cerchi lavoro deve riempire questi moduli.

1. Tu puoi andare dove vuoi: sarò con te. / Dovunque tu vada, sarò con te.
2. Possono comprare quello che desiderano: faranno un affare. / Qualunque cosa comprino faranno un affare.
3. La riunione può finire bene o male: il sindacato continuerà a lottare per i diritti dei lavoratori. / Comunque finisca la riunione, il sindacato continuerà a lottare per i diritti dei lavoratori.
4. Tutti quelli che hanno i requisiti possono partecipare al concorso. / Chiunque abbia i requisiti può partecipare al concorso.
5. Il governo può applicare tutte le riforme possibili: la situazione non cambierà. / Qualunque riforma il governo applichi, la situazione non cambierà.

C. Cattivo umore. Sei di cattivo umore oggi. Lamentati di tutto, secondo i suggerimenti. Ripeti la risposta.

> ESEMPIO: *Leggi:* nessuno / amarmi
> *Dici:* Non c'è nessuno che mi ami.

1. Non c'è niente che mi interessi.
2. Non c'è nessuno che voglia studiare con me.
3. Non c'è niente che mi piaccia nel frigo.
4. Non c'è nessuno che mi faccia regali.

C. Congiuntivo o infinito?

A. Per cominciare. Sentirai un dialogo due volte. La prima volta, ascolta attentamente. La seconda volta, il dialogo sarà ripetuto con pause per la ripetizione. Poi sentirai, due volte, tre frasi da completare e dovrai scegliere, per ciascuna frase, il completamento giusto.

Ecco il dialogo.

FIORELLA: Valentina, come mai in giro a quest'ora? Non sei andata in ufficio?
VALENTINA: Non lo sapevi? Ho chiesto altri sei mesi di aspettativa per avere più tempo per mio figlio.
FIORELLA: Sei contenta di stare a casa?
VALENTINA: Per ora sì, ma tra sei mesi bisogna che io torni a lavorare e allora mio marito chiederà l'aspettativa. Per fortuna i benefici ci permettono di avere questi mesi per stare con il bambino!

Ora sentirai di nuovo il dialogo con pause per la ripetizione.

Ecco le frasi da completare.

1. Valentina e Fiorella si trovano…
2. Valentina vuole…
3. Valentina ha chiesto altri… di aspettativa.

Le risposte sono: 1. c   2. b   3. b

B. Impressioni, pensieri e sentimenti. A cosa pensano tutti? Di' a cosa pensi e a cosa pensano i tuoi amici, secondo i suggerimenti. Ripeti la risposta.

ESEMPI: *Senti:*   Io spero…
    Leggi: Tu hai fortuna.
    Dici: Io spero che tu abbia fortuna.

    Senti: Lisa vuole…
    Leggi: Lisa trova un lavoro.
    Dici: Lisa vuole trovare un lavoro.

1. Marco crede… / Marco crede di essere sfortunato.
2. Pensiamo… / Pensiamo che Sonia torni presto.
3. Avete paura… / Avete paura di perdere il lavoro.
4. Mi dispiace… / Mi dispiace di essere in ritardo.
5. Aldo ha l'impressione… / Aldo ha l'impressione che Herbert non dica la verità.

C. Pensieri e opinioni personali. Componi delle frasi nuove che cominciano con le espressioni suggerite. Usa **che** + indicativo, **che** + congiuntivo o l'infinito con o senza **di**. Ripeti la risposta.

ESEMPI: *Leggi:*   Marco è in sciopero.
    Senti: È vero…
    Dici: È vero che Marco è in sciopero.

    Senti: Crediamo…
    Dici: Crediamo che Marco sia in sciopero.

    Senti: Marco vorrebbe…
    Dici: Marco vorrebbe essere in sciopero.

Voto socialista.

1. Voglio… / Voglio votare socialista.
2. Pensano… / Pensano che io voti socialista.
3. È ovvio… / È ovvio che voto socialista.
4. Sono contenta… / Sono contenta di votare socialista.

Hanno avuto un aumento.

1. Sono sicuri… / Sono sicuri di avere avuto un aumento.
2. Dubita… / Dubita che abbiano avuto un aumento.
3. Preferiscono… / Preferiscono avere avuto un aumento.
4. È strano… / È strano che abbiano avuto un aumento.

Dialogo

Parte prima. Cinzia e Francesco parlano delle loro prospettive di lavoro.

Ascolta attentamente il dialogo.

CINZIA: Dimmi un po', Francesco, vorresti veramente cambiare professione per entrare alle Poste?

FRANCESCO: Certo! Sono stanco di lavorare come portiere di notte e delle mansioni associate, rispondere sempre ai telefoni, usare i computer, mandare i fax, e tutto da solo... Alle Poste almeno non devo lavorare da solo o di notte!

CINZIA: Hai tutti i requisiti necessari per fare domanda?

FRANCESCO: Sì, il mio diploma liceale è sufficiente, ho l'esperienza giusta. Ho anche mandato il mio curriculum ad altre aziende, per avere altre opportunità...

CINZIA: E gli annunci sul giornale?

FRANCESCO: Sì, anche quelli. Ho risposto a vari annunci ma per ora niente, continuo a fare il portiere di notte, come sai. Credo che al momento l'unica possibilità sia partecipare al concorso delle Poste. È un lavoro che vorrei molto, ma sai che per un posto alle Poste ci sono sempre tantissime domande. E tu, invece, che hai intenzione di fare con il tuo lavoro? Alla fine dell'aspettativa torni a scuola?

CINZIA: Sì, ormai insegnare è la cosa che mi piace di più e poi, quando saremo in tre, ci sarà bisogno di uno stipendio extra. Quello solo di mio marito non sarebbe sufficiente e io non voglio andare in un appartamento meno grande di quello che abbiamo adesso. L'unico problema sarà trovare una baby-sitter per Chiara...

FRANCESCO: E tuo marito, l'aspettativa non la prende?

CINZIA: Mario? No, lui dice che non gli piace questa nuova famiglia moderna, con i padri a casa e le madri al lavoro. Ma sono sicuro che gli farò cambiare idea, se ne avremo bisogno. Non è questo il momento per fare i tradizionalisti!

Seconda parte. Ascolta di nuovo il dialogo. Fai particolare attenzione a cosa dice Cinzia sulla sua situazione, su suo marito e cosa dice Francesco sulle cose che ha dovuto fare per partecipare al concorso per le Poste.

Terza parte. Sentirai due volte sei frasi basate sul dialogo. Segna, per ciascuna frase, **vero** o **falso.**

1. Lavorare alle Poste significa avere meno responsabilità che nel lavoro attuale.
2. Avere fatto il liceo è un requisito sufficiente per la domanda d'impiego alle Poste.
3. Ci sono poche persone che fanno il concorso per le Poste.
4. Cinzia in questo momento ha l'aspettativa e non lavora.
5. Il marito di Cinzia non è un marito tradizionalista.
6. Cinzia e suo marito non hanno bisogno di uno stipendio extra.

Le risposte sono: 1. vero 2. vero 3. falso 4. vero 5. falso 6. falso

Ed ora ascoltiamo!

Sentirai un'e-mail che Laura invia al suo fidanzato Roberto. Puoi ascoltare il brano quante volte vuoi. Poi sentirai, due volte, cinque frasi e dovrai segnare, per ciascuna frase, **vero** o **falso.**

Ciao, Roberto, finalmente è finita; ti scrivo in fretta dalla stazione, sul mio computer portatile. Appena arrivo a casa, ti spedisco questa lettera, se ancora non è possibile parlarti al telefono, chissà dove sei o cosa fai… Ho provato a chiamarti ma era occupato, forse eri al computer pure tu, a meno che tua madre non abbia deciso di staccare il telefono a causa del suo mal di testa…

Sebbene abbia avuto paura, il colloquio sembra essere andato bene. Non credo sia veramente possibile una risposta tra un giorno o due, ma il dottor Mati, con cui ho parlato, mi ha detto che il programma che ho scritto era il migliore di quello di tutti i candidati. È stato molto vago sul lavoro, però, deve parlare con gli altri responsabili del settore. Mi ha comunque detto che nel caso di assunzione dovrei andare via un paio d'anni, nella Silicon Valley in California, dove l'azienda ha la sua sede. A meno che non voglia stare assolutamente in Italia. Certo che no, ho risposto io, purché lo stipendio sia migliore! E ho detto *no problem,* benché sappia quanto mi mancherete tu e la mia famiglia. Ma a dire il vero, se finisci presto con la laurea, puoi sempre venire con me, no? E avrò finalmente un buono stipendio!

Ecco le frasi.

1. Laura ha avuto un lavoro in California per due anni.
2. Laura scrive a Roberto sul colloquio di lavoro perché non è possibile parlargli al telefono.
3. Laura lavora con i computer ed è molto brava a scrivere programmi.
4. Laura vorrebbe lavorare in Italia per avere uno stipendio migliore.
5. Roberto potrebbe andare con Laura dopo gli studi.

Le risposte sono: 1. falso   2. vero   3. vero   4. falso   5. vero

Dettato

Sentirai un dettato tre volte. La prima volta, ascolta attentamente. La seconda volta, il dettato sarà letto con pause tra le frasi. Scrivi quello che senti. La terza volta, correggi quello che hai scritto. Scrivi sulle righe date. Controlla il tuo dettato con le soluzioni date in fondo al libro.

Stamattina Cinzia, Gabriella e Francesco si sono incontrati per caso per le vie del centro. Così hanno preso un caffè e fatto una chiacchierata con gli amici al bar. Francesco racconta dei motivi che lo hanno spinto a licenziarsi, decisione coraggiosa e difficile. Cinzia è ancora sotto tensione per il colloquio di lavoro appena fatto. Gabriella, che avrà presto un bambino, parla con gli amici delle sue condizioni e delle sue paure. Per i tre ragazzi questa improvvisa mattinata libera diventa l'occasione per parlare di se stessi e condividere problemi ed esperienze.

Sara in Italia

Sara è a Torino, in Piemonte, dove incontra Maria, un'amica di suo cugino Giovanni. Maria studia al Politecnico e sa molte cose della sua città, dove la sua famiglia, del Sud, è andata a vivere negli anni Sessanta. Dopo avere passeggiato per il centro della città e avere mangiato i gianduiotti, tipici cioccolatini torinesi, Sara e Maria vanno al parco del Valentino per rilassarsi.

Ascolta attentamente il dialogo. Ascolta il dialogo quante volte vuoi. Poi, rispondi alle domande che senti. Sentirai ogni domanda due volte. Ripeti la risposta.

SARA: Sono sorpresa da come Torino sia così tranquilla… e così bella! Il Po, questo parco, i portici in centro, tutti quei negozi eleganti… e senza tanti turisti! E le pasticcerie! Certo è una grande città industriale che mi ricorda Milano, ma qui mi sento a mio agio. A Venezia continuavo a chiedermi dove vivessero i veneziani! Non ero sicura che lavori potessero fare eccetto che occuparsi di turismo! Qui invece si vede la vita quotidiana dei torinesi.

MARIA: Non pensare che Torino non sia affatto turistica, perché lo è. Il Palazzo reale, la Mole Antonelliana, il Duomo e anche il Museo Egizio, che ha una delle collezioni più importanti al mondo, sono visitate da migliaia di persone ogni anno. D'altra parte, sai che Torino ha avuto un ruolo fondamentale nella storia italiana. Quello che era il Regno di Piemonte e Sardegna, con i re di Savoia, è stato il centro dell'unificazione, e Torino fu capitale d'Italia dal 1861 al 1865, quando la capitale fu trasferita a Firenze e poi a Roma, nel 1870.

SARA: Ma anche in tempi più recenti Torino è stata importante, no?

MARIA: Verissimo. Non dimenticare che qui c'è la FIAT e che Torino è la capitale dell'industria automobilistica. Questa è una città industriale e con una forte tradizione operaia, con tanti lavoratori venuti dal Sud negli anni Cinquanta e Sessanta, quando c'era una grande crisi economica e molta disoccupazione. Come sai, anche la mia famiglia è venuta qui per trovare lavoro. A proposito, sono sicuro che se anche tu avessi il permesso di lavoro, troveresti un'occupazione senza problemi! Dopo tutto, parli italiano e inglese e hai studiato economia e commercio all'università, no?

SARA: (ridendo) Potrei cominciare un import-export di gianduiotti! Non credo che negli Stati Uniti il gianduia sia conosciuto, dubito che si facciano dei cioccolatini con la pasta di nocciole!

MARIA: Ho paura che se tu iniziassi questo import-export la maggior parte dell'import finirebbe nella tua pancia, no?

Ecco le domande.

1. Perché Torino piace tanto a Sara? — Perché è una città tranquilla, senza tanti turisti.
2. Quando fu capitale d'Italia Torino? — Fu capitale d'Italia dal 1861 al 1865.
3. Quale industria importante c'è a Torino? — C'è l'industria automobilistica della FIAT.
4. Chi è andato a Torino negli anni Cinquanta e Sessanta? — Ci sono andati molti lavoratori del Sud.
5. Quale operazione di import-export interesserebbe a Sara? — L'import-export di gianduiotti interesserebbe a Sara.

CAPITOLO 18

La società multiculturale

 Vocabolario preliminare

A. Per cominciare. Sentirai un dialogo due volte. La prima volta, ascolta attentamente. La seconda volta, il dialogo sarà ripetuto con pause per la ripetizione.

Ecco il dialogo.

ANTONIO: Siete andati tu e Carla alla manifestazione contro la violenza razzista, ieri?
FABRIZIO: Sì, e ho portato anche due miei studenti del Nord Africa, per mostrargli la nostra solidarietà...
ANTONIO: È stata bellissima, non credi? Con tutti quei giovani che cantavano e si tenevano per mano.
FABRIZIO: I giovani sono la nostra speranza. Il razzismo non è genetico, è una cosa che impariamo quando riceviamo messaggi che dobbiamo avere paura di chi è diverso.
ANTONIO: È quello che dico sempre ai miei figli. Che la diversità è un valore positivo, che possiamo imparare tanto dalle altre culture...

Ora sentirai di nuovo il dialogo con pause per la ripetizione.

B. Definizioni. Sentirai, per due volte, cinque definizioni riguardo ai problemi sociali. Scrivi la lettera del termine a fianco del numero della definizione che senti.

1. È il problema legato al bere.
2. È il problema legato al colore della pelle.
3. È il fenomeno che fa muovere le persone da uno stato all'altro, in cerca di lavoro.
4. È l'uso continuo di oggetti e di beni che sono consumati e sostituiti, oggetti che spesso non sono essenziali per la nostra vita.
5. È una persona che non appartiene alla comunità europea, che è venuta in Italia per ragioni economiche.

Le risposte sono: 1. c   2. b   3. a   4. e   5. d

C. Per discutere dei problemi sociali... Sentirai cinque definizioni. Dovrai scegliere e dire la definizione che abbia lo stesso significato. Ripeti la risposta.

ESEMPIO: *Senti:* opporsi al razzismo
         Dici: essere contro il razzismo

1. abolire le differenze di classe / eliminare le differenze di classe
2. favorire la diversità / essere a favore della diversità
3. non essere ostili verso gli stranieri / fidarsi degli stranieri
4. partecipare alla politica / essere impegnati in politica
5. stare insieme ad altre razze / convivere con diverse razze

Ben arrivata! Barbara e Lorenzo parlano di amici di Lorenzo che hanno adottato una bambina etiope. Ascolta con attenzione la loro conversazione e decidi se le seguenti affermazioni sono vere o false. Poi, correggi le affermazioni false.

BARBARA: Hai già visto la bambina?

LORENZO: Sì, Luca e Cristina sono tornati dall'Etiopia la scorsa settimana.

BARBARA: Come si chiama?

LORENZO: Selamawit, che significa «la figlia della luna».

BARBARA: Un bel nome davvero! E com'è? È molto piccola?

LORENZO: Non tanto... ha otto mesi, ma sembra più piccola. In Etiopia era malnutrita.

BARBARA: Dev'essere complicato adottare un bambino fuori dall'Italia!

LORENZO: Capirai, i soliti problemi burocratici, le pratiche con l'ufficio immigrazioni. Per fortuna tutto è andato bene e velocemente. Sono molto felici adesso. Vogliono che la bambina cresca conoscendo anche la sua lingua materna. Frequenterà scuole italiane ma studierà anche la lingua e poi la letteratura etiope con un assistente del Centro sociale, anche lei dell'Etiopia.

BARBARA: Che bello! Così potrà integrarsi in Italia e non dimenticare le sue origini allo stesso tempo!

Grammatica

A. Imperfetto del congiuntivo

A. Per cominciare. Sentirai un dialogo due volte. La prima volta, ascolta attentamente. La seconda volta, completa il dialogo con le parole che mancano. Controlla le tue risposte con le soluzioni date in fondo al libro.

Ecco il dialogo.

CINZIA: Così tuo padre non voleva che tu ti fidanzassi con Shamira?

IVAN: Assurdo! Sperava invece che mi innamorassi di Daniela, così sarei diventato dirigente nell'azienda di suo padre!

CINZIA: Che materialista! E tua madre?

IVAN: Lei invece non vedeva l'ora che mi sposassi con Shamira! Non può sopportare Daniela!

Ora sentirai di nuovo il dialogo.

B. Problemi di famiglia. Piera ti racconta dei problemi con i suoi genitori. Rispondi che sarebbe meglio che i suoi genitori non facessero quelle cose, secondo i suggerimenti. Ripeti la risposta.

ESEMPIO: *Senti:* Interferiscono sempre!
Dici: Sarebbe meglio che non interferissero.

1. Sono autoritari! / Sarebbe meglio che non fossero autoritari.
2. Mi obbligano a studiare medicina! / Sarebbe meglio che non ti obbligassero a studiare medicina.
3. Hanno delle idee convenzionali! / Sarebbe meglio che non avessero delle idee convenzionali.
4. Prendono tutte le decisioni per me! / Sarebbe meglio che non prendessero tutte le decisioni per te.

C. Lo zio Carlo. Racconta ai tuoi amici come ha reagito tuo zio, che è un tradizionalista, quando gli hai raccontato della tua vita indipendente. Ripeti la risposta.

> ESEMPIO: *Leggi:* dividere un appartamento con gli amici
> *Dici:* Non credeva che io dividessi un appartamento con gli amici.

1. Non credeva che io mi guadagnassi da vivere a 20 anni.
2. Non credeva che io volessi studiare invece di sposarmi subito.
3. Non credeva che io mi impegnassi per eliminare il consumismo.
4. Non credeva che io fossi felice della mia vita.

B. Trapassato del congiuntivo

A. Non sapevo! Il tuo amico ti racconta tante novità. Di' che non sapevi tali cose, secondo i suggerimenti. Ripeti la risposta.

> ESEMPIO: *Senti e leggi:* Nicoletta ha vinto il torneo di tennis.
> *Dici:* Non sapevo che avesse vinto il torneo di tennis!

1. Nadia ha studiato tutta la notte. / Non sapevo che avesse studiato tutta la notte!
2. Claudio ed io siamo andati alla riunione. / Non sapevo che foste andati alla riunione!
3. Fabio ed io abbiamo avuto l'aumento. / Non sapevo che aveste avuto l'aumento!
4. Mia madre è stata politicamente impegnata. / Non sapevo che fosse stata politicamente impegnata!
5. Ho giudicato male i loro amici. / Non sapevo che tu avessi giudicato male i loro amici!

B. La zia Matilda. Tua zia credeva nel proverbio che dice che «non si è mai troppo vecchi!» Completa le frasi che elencano le cose che ha fatto, secondo i suggerimenti. Comincia il completamento con **benché non.** Ripeti la risposta.

> ESEMPIO: *Senti e leggi:* A ottant'anni scrisse un libro...
> *Dici:* benché non avesse mai scritto prima.

1. A settant'anni dipinse un quadro... / benché non avesse mai dipinto prima.
2. A sessant'anni scolpì una statua... / benché non avesse mai scolpito prima.
3. A cinquant'anni si sposò... / benché non si fosse mai sposata prima.
4. A settant'anni fece un lungo viaggio... / benché non avesse mai fatto un viaggio prima.

C. Correlazione dei tempi nel congiuntivo

A. Per cominciare. Sentirai un dialogo due volte. La prima volta, ascolta attentamente. La seconda volta, completa il dialogo con le parole che mancano. Controlla le tue risposte con le soluzioni date in fondo al libro.

Ecco il dialogo.

LAURA: Mamma, ho deciso di accettare quel lavoro a New York.
MADRE: Ma non sarebbe meglio che tu restassi qui a Trieste, vicino alla famiglia, agli amici? A New York c'è il problema della violenza e della droga: non voglio che ti capiti qualcosa di brutto...
LAURA: Mamma, il problema della violenza e della droga c'è in tutte le grosse città. E poi, vorrei che tu capissi che è importante che io faccia nuove esperienze.
MADRE: Capisco, Laura, ma è naturale che io mi preoccupi...

Ora sentirai di nuovo il dialogo.

B. Idee politiche. Completa le seguenti frasi, secondo i suggerimenti. Ripeti la risposta.

> ESEMPIO: *Senti:* Vorrei che…
> *Leggi:* il razzismo / non esistere
> *Dici:* Vorrei che il razzismo non esistesse.

1. È necessario che… / È necessario che la gente cerchi di eliminare l'inquinamento.
2. Sarebbe bene che… / Sarebbe bene che i genitori apprezzassero le idee dei giovani.
3. Bisogna che… / Bisogna che la gente prenda sul serio i problemi degli anziani.
4. Era importante che… / Era importante che il governo lavorasse per eliminare la povertà.

C. Acquisti. Giuseppe e Franca hanno appena acquistato una nuova macchina. Quando Giuseppe ti confida i suoi pensieri sull'argomento, esprimi il tuo accordo. Ripeti la risposta.

> ESEMPIO: *Senti:* Speriamo di avere fatto bene.
> *Dici:* Anch'io spero che abbiate fatto bene.

1. Crediamo di avere una buona macchina, ora. / Anch'io credo che abbiate una buona macchina, ora.
2. Credevamo di aver bisogno di una nuova macchina. / Anch'io credevo che aveste bisogno di una nuova macchina.
3. Siamo felici di aver comprato una Fiat. / Anch'io sono felice che abbiate comprato una Fiat.
4. Eravamo contenti di aver aspettato. / Anch'io ero contento che aveste aspettato.
5. Pensiamo di non aver speso troppo. / Anch'io penso che non abbiate speso troppo.

Dialogo

Prima parte. Sentirai una conversazione tra amici in un bar.

Ascolta attentamente il dialogo.

NICOLETTA: Avete sentito? Si aprirà un nuovo centro sociale vicino allo stadio!

MASSIMO: Adesso anche gli extracomunitari, mancavano solo loro qui! Come se non avessimo abbastanza problemi da soli, in Italia!

NICOLETTA: Ma che dici? Secondo me questa è stata la decisione più intelligente che l'amministrazione avesse potuto prendere, data la forte immigrazione dall'Albania e dalla ex-Jugoslavia. Sarebbe meglio smettessi di fare l'intollerante!

MASSIMO: Non è intolleranza, è realismo politico il mio! Siamo sessanta milioni di italiani e il dieci per cento è disoccupato: dove troviamo altro lavoro?

LORENZO: Sai una cosa, Massimo? Secondo me, la cosa che ti preoccupa tanto è la diversità.

MASSIMO: Non è affatto vero. Ma cosa possono portare gli extracomunitari al nostro paese?

LORENZO: Loro stessi, con la loro cultura, musica, letteratura. E poi, scusa, chi sei tu per decidere chi sarebbe utile alla società e chi no?

NICOLETTA: Guarda, Massimo, che anch'io pensavo come te, poi ho conosciuto degli immigrati albanesi che sono i miei vicini di casa e ho capito che la mia era solo la paura del diverso. L'Italia non ha mai avuto una popolazione immigrata così numerosa come in questi anni.

MASSIMO: (*sarcastico*) Grazie di avermi dato del razzista! Io ho fatto solo un discorso economico, realista…

LORENZO: Basta, ora, arrivano i panini! Comunque è bene discutere sempre apertamente. È l'unico modo di combattere i pregiudizi razziali.

Seconda parte. Ascolta di nuovo il dialogo. Fai particolare attenzione ai discorsi riguardo agli extracomunitari in Italia.

Terza parte. Sentirai, per due volte, sei frasi basate sul dialogo. Segna, per ciascuna frase, **vero** o **falso**.

1. La città ha deciso di aprire un nuovo centro sociale.
2. Tutti i ragazzi sono d'accordo che è una decisione sbagliata.
3. In Italia ci sono molti immigrati dall'Est.
4. Uno dei ragazzi crede che gli extracomunitari non abbiano niente da offrire al loro nuovo paese.
5. La società italiana è sempre stata multietnica.
6. Il dialogo e la discussione sono i mezzi migliori per evitare ignoranza e razzismo.

Le risposte sono: 1. vero   2. falso   3. vero   4. vero   5. falso   6. vero

Ed ora ascoltiamo!

Piero ed Elio, due vecchi amici cinquantenni, discutono della società italiana di oggi e dei suoi problemi. Sentirai il loro dialogo. Puoi ascoltare il dialogo quante volte vuoi. Sentirai, per due volte, cinque frasi e dovrai segnare, per ciascuna frase, **vero** o **falso**.

Ecco il dialogo.

PIERO: Vent'anni fa il problema della violenza in Italia era certo molto meno grave...
ELIO: Hai ragione, oggi ci sono anche più casi di alcoolismo tra i giovani...
PIERO: Per non parlare della droga che circola nelle scuole, nelle discoteche, nei giardini e nelle piazze.
ELIO: E la disoccupazione, dove la metti? Sono veramente troppi i giovani in cerca di lavoro!
PIERO: E con tutti questi problemi economici che ha l'Italia ecco anche il razzismo! Non solo tra Sud e Nord Italia, adesso c'è anche quello verso gli immigrati...
ELIO: Beh, come vedi, il razzismo ha sempre una base economica, sempre una guerra tra paesi ricchi e paesi poveri.
PIERO: Non mi piace appartenere ai paesi egoisti.
ELIO: Per fortuna in Italia la maggior parte della gente non ha dimenticato i valori dell'uguaglianza e della giustizia!
PIERO: Sì, hai ragione, si trovano ancora molte persone impegnate in cause sociali.

Ecco le frasi.

1. Piero parla dei problemi dei senzatetto e della miseria.
2. Elio parla dei problemi dell' alcoolismo e della disoccupazione.
3. Elio spiega che il razzismo ha sempre una base economica.
4. Secondo i due amici, la maggior parte della gente ha perso i valori dell'uguaglianza e della giustizia.
5. Secondo i due amici, ci sono ancora persone interessate alle cause sociali.

Le risposte sono: 1. falso   2. vero   3. vero   4. falso   5. vero

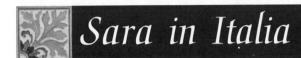

Dettato

Sentirai un dettato tre volte. La prima volta, ascolta attentamente. La seconda volta, il dettato sarà letto con pause tra le frasi. Scrivi quello che senti. La terza volta, correggi quello che hai scritto. Scrivi sulle righe date. Controlla il tuo dettato con le soluzioni date in fondo al libro.

Laura è italoamericana ed è andata in Italia a visitare i luoghi d'origine della sua famiglia. Da bambina sentiva spesso parlare dell'Italia ed i nonni le parlavano in italiano, ma a scuola ha imparato l'inglese e con i genitori non ha mai parlato italiano. L'immagine dell'Italia le era rimasta vaga ed incerta, gli stereotipi ed i miti non le permettevano di averne una visione chiara. Solo un viaggio le avrebbe permesso di farsi un'opinione personale del paese e dei suoi abitanti. In Italia Laura ha riscoperto la propria identità etnica, ha capito meglio la cultura italiana e ha incontrato i parenti di cui aveva solo sentito parlare. È stata un'esperienza importante e Laura ne è molto soddisfatta.

Sara in Italia

Sara è a Trieste e, dopo un giro della città, parla della cultura triestina con Antonella, che studia traduzione alla famosa Scuola per Interpreti e Traduttori.

Ascolta attentamente il dialogo. Ascolta il dialogo quante volte vuoi. Poi, rispondi alle domande che senti. Sentirai ogni domanda due volte. Ripeti la risposta.

ANTONELLA: Sai, la letteratura italiana del primo Novecento è stata influenzata molto dagli scrittori triestini. Prendi i romanzi di Italo Svevo, le poesie di Umberto Saba…

SARA: Se non mi sbaglio, anche James Joyce visse a Trieste per qualche tempo, no?

ANTONELLA: È vero, hai ragione. Proprio a confermare come i grandi romanzieri del Novecento siano passati per questa città. D'altra parte, per la sua posizione geografica, Trieste è sempre stata una città cosmopolita.

SARA: Si sente che non è una città al cento per cento italiana o che non è stata italiana per tanto tempo.

ANTONELLA: Se ci pensi bene, poiché era l'unico porto dell'Impero austroungarico, Trieste fu per forza il punto d'incontro, anche culturale, tra italiani, slavi e tedeschi. E anche la diffusione della psicanalisi freudiana in Italia è partita da qui.

SARA: Interessante! Le uniche cose che sapevo prima sul Friuli erano legate alle poesie di Ungaretti, perché Ungaretti era venuto qui a combattere durante la prima guerra mondiale.

ANTONELLA: A proposito, hai visitato il sacrario di Redipuglia? Ci sono sepolti centomila soldati della guerra del '15–'18. È impressionante! Se hai letto Ungaretti e le poesie sulla guerra, ci devi andare assolutamente.

Ecco le domande.

1. Che cosa ha influenzato profondamente la cultura triestina?

L'ha influenzata la letteratura italiana del primo Novecento.

2. Che cosa ha diffuso la cultura triestina in Italia?

L'ha diffusa la psicanalisi freudiana.

3. Perché Trieste è sempre stata una città cosmopolita?

È sempre stata una città cosmopolita per la sua posizione geografica.

4. Di quali popoli Trieste diventò il punto d'incontro?

Diventò il punto d'incontro di italiani, slavi e tedeschi.

5. Chi c'è nel sacrario di Redipuglia?

Ci sono centomila soldati morti nella prima guerra mondiale.